我国高校创新创业教育政策评估研究

郭秀晶 著

EDUCATION

经济日报出版社

图书在版编目（CIP）数据

我国高校创新创业教育政策评估研究 / 郭秀晶著
. -- 北京：经济日报出版社，2021.12
ISBN 978-7-5196-1014-2

Ⅰ. ①我… Ⅱ. ①郭… Ⅲ. ①高等学校—创造教育—教育政策—研究—中国 Ⅳ. ① G640

中国版本图书馆 CIP 数据核字 (2021) 第 259746 号

我国高校创新创业教育政策评估研究

著　　者	郭秀晶
责任编辑	门　睿
责任校对	王阿林
出版发行	经济日报出版社
地　　址	北京市西城区白纸坊东街 2 号 A 座综合楼 710（邮政编码：100054）
电　　话	010-63567684（总编室） 010-63584556（财经编辑部） 010-63567687（企业与企业家史编辑部） 010-63567683（经济与管理学术编辑部） 010-63538621　63567692（发行部）
网　　址	www.edpbook.com.cn
E - mail	edpbook@126.com
经　　销	全国新华书店
印　　刷	廊坊市海涛印刷有限公司
开　　本	710 × 1000 毫米　1/16
印　　张	13
字　　数	200 千字
版　　次	2022 年 2 月第一版
印　　次	2022 年 2 月第一次印刷
书　　号	ISBN 978-7-5196-1014-2
定　　价	55.00 元

前 言

党的十八大对创新创业人才培养作出重要部署，党的十九大指出要加快建设创新型国家。建设创新型国家，关键在于培养创新型人才，重点在于加强创新创业教育。2015 年国务院就明确提出，深化高等学校创新创业教育改革是国家实施创新驱动发展战略、促进经济提质增效升级的迫切需要，是推进高等教育综合改革、促进高校毕业生更高质量创业就业的重要举措。大学生群体的创业教育和创业实践是贯彻创新驱动战略、推进实践育人的重要组成部分，有利于培养当代青年对社会问题的感知与思考、将个人前途命运与国家命运紧密相连的责任和担当，是鼓励学生把个人理想信念写在祖国大地上的有益探索。

“十四五”时期是我国全面建成小康社会、实现第一个百年奋斗目标之后，乘势而上开启全面建设社会主义现代化国家新征程、向第二个百年奋斗目标进军的第一个五年。站在“两个一百年”的历史交汇点，在国内国际双循环相互促进的新发展格局下，需要坚持以创新引领创业、以创业带动就业，传递积极的创新创业的信心和态度。面对创新型国家建设的新形势和新挑战，亟须我们从教育作为党之大计、国之大计的战略高度，对我国高校创新创业教育开展深入系统的研究。合理改进教育教学、健全双创体制机制，系统培养学生创新创业素质，持续深化创新创业教育改革，为提高我国高等教育质量，服务国家现代化建设提供重要的科研支撑和决策参考。

目　录

第一章

Chapter 1

价值评价：我国高校创新创业教育政策背景与意义

创新创业教育是知识经济时代对传统意义上教育教学方式的变革，以培养创造型人才为主要教育目标，通过设置创业课程体系和创业实践平台对学生创业思维、意识、精神和能力等创业素质进行培育，不断输出能够激发经济活力、创新发展方式的创业人才，体现高校变革教育模式和实现学生全面发展的新时代要求。创新创业教育的价值意义体现为，是人类知识积累、教育教学模式改革和社会经济发展的一项伟大事业。不仅使高校人才培养目标和培养效果呈现出多层次化特质，为教育理论研究和教育实践开展提供了一个全新的领域，而且对于应对国内国际新形势下的发展机遇和困难挑战具有深刻的现实意义，是我国建设社会主义现代化强国的必经之路。联合国教科文组织给予创新创业教育高度重视和评价，将创新创业教育提升至与学术教育、职业教育并驾齐驱的重要位置。

一、我国高校创新创业教育政策的实施背景

党的十八大以来，“我国提出创新驱动发展”重要战略，强调创业对缓解就业压力的重要意义。党中央高度重视大学生创新创业工作。2013

年 9 月 30 日，习近平总书记提出“实施创新驱动战略决定着中华民族前途命运”。2015 年 5 月 4 日，《国务院办公厅关于深化高等学校创新创业教育改革的实施意见》指出深化高等学校创新创业教育改革是实现经济提质增效升级的重要举措。该文件出台引起教育部在内的多个国家部委对高校创新创业教育的高度关注，国内各高校纷纷响应“双创”号召，重点落实政策精神，倡导创新创业教育模式的改革，以成功创新创业经验为典型标榜，相继跻身创新创业教育行列。2020 年 10 月 29 日《中共中央关于制定国民经济和社会发展第十四个五年规划和二〇三五年远景目标的建议》从战略长远发展角度审视创新价值，致力于将创新提升至我国现代化建设全局核心位置，以科教兴国、创新驱动和人才强国为重要战略支撑，推动我国创新体系的完善，激发人才创新活力，实现对创新型、应用型、技能型人才的重点培养。在上述政策背景下，我国大学生创业实践活动和高校创新创业教育活动获得充分的政策支持，并在实践中积极探索高质高效的创新创业教育模式，向着不断深入化和精细化的方向推进。

（一）高质量发展迫切需要创新创业人才

高质量发展离不开创新人才的支持和引领。立足高质量发展新阶段，贯彻创新发展新理念，构建创业教育新格局，我国高校必须激发人才培育活力和功效，将创新创业教育纳入人才培养体系，培育高素质应用型人才，制定创业教育的特色化方案，以专业教育为载体，将创业教育融入专业人才培育体系内容和框架中，建立起分层分类、深度融合的创新创业教育体系。双创教育质量提升，带动社会各领域内的变革，并直接作用于经济发展方式的转变和就业压力的缓解，一方面有利于我国经济驱动要素的转变，由投资、消费驱动向创新驱动的转变；另一方面有利于缓解高校毕业生就业形势严峻的压力。

1. 创新驱动成为我国经济转型的动力源泉

1912 年，经济学家约瑟夫·熊彼特（Joseph Schumpeter）在《经济发展理论》中首次阐述创新概念。最初，创新的含义主要是指通过外力刺激内部因素，替代以产生新的合成元素致使事物发生变化。经济领域的所谓创新，即之前从未出现过的创造因素，它是生产力和生产关系的新兴结合形式。[①] 随后，创新理论逐步发展，跨越多领域，至今早已从经济领域广泛扩展至政治、文化、科技、教育等诸多领域。随着时代变迁，创新已成为推动历史变革的重要且关键的力量。创新是第一发展动力，是社会各领域革新的战略支撑，是实现“Made in China”向“Created in China”根本转变的动力源泉。创新能力是经济体系高质量化和高效化发展的促进性因素，通过作用于经济生产过程，进一步对现代化经济体系建设和经济效果产生影响。审视我国经济发展进程，正处于经济转型和可持续发展的关键时期，单纯依靠增加要素投入的粗放式发展方式已经成为历史，经济可持续发展对生产方式提出更为严格的要求，打破既往的路径依赖，实现精细化生产方式成为必然趋势，发挥创新驱动对要素和生产方式升级的动力源泉作用，以经济增长为新动能，将助力我国跻身创新型国家行列。

创新创业，简称为“双创”，是社会发展与进步的不竭动力。近年来，国家将大众创业、万众创新作为发展经济的新引擎，不断提升其服务社会经济的能力，实现新旧动能转换、加速社会纵向流动，为个体提供充分发挥才智、挖掘潜能的创业机会，推动创新创业活动的繁盛。双创蓬勃开展，在创业主体多元化、创业意识强化、创业环境优化、创业带动就业能力等层面取得长足发展，创业理念深入人心，创业活动日益成为就业的重要归宿，创新创业资源深度融合，创业活动成果显著。但与之相伴随的，还有创业政策机制不健全、创新动能不足、科技成果转化率不高、大中小企业融资困难、创新创业国际化水平不够深入以及创业体制机制不健全等问题。当前，我国经济已经步入新常态阶段，如何实现创新创业活动的突破式发展，推动经济可持续发展和产业转型升级，是值得关注的重要问题。

---

① 肖怡. 企业连锁经营与管理［M］. 大连：东北财经大学出版社，2012：21-22.

习近平总书记指出："科技创新活动不断突破地域、组织、技术的界限，演化为创新体系的竞争，创新战略竞争在综合国力竞争中的地位日益重要。"[①] 习近平总书记的论述再一次强调科技创新活动对于国力竞争的强有力作用，指明科技创新活动的杠杆性作用。尤其是新一轮科技革命和产业革命已经在社会各领域内孕育和兴起，对各行各业的生产方式和运营模式产生深刻影响，并引领社会各领域内的生产变革，促使科技生产力延伸至生活的方方面面。随着产业转型升级和更新换代，新产业、新行业、新职业等替代原有的旧产业、旧行业和旧职业岗位，推动整个社会呈现出不同的发展风貌。[②] 新经济要素的出现对人才资源的质量和数量提出新的要求，国家必须加强对人才资源的培育和储备，提升人才资源的质量、数量和结构，挖掘人才资源蕴含的重要价值，高效整合人才资源，培育社会经济发展所需的人才。当前，我国推进大众创业万众创新还存在创新型人才资源匮乏的难题。尽管在数量结构上具备优势，但开放质量、开发能力和社会贡献还存在较大的发展空间，难以匹配创新创业事业的人才素质需求。未来创新创业发展道路还需要优先发展教育，以高质量优秀人才唤醒创新创业新动能。

创新驱动发展战略具有立足全局、聚焦关键、带动整体功效。作为一项系统工程，是多要素共同配合的合力效果，需要由政府、企业、高校和研究院所等在内的多元主体构成国家创新体系，通过彼此间资源优势的整合和功能效用的发挥，打造各类创新创业新要素的组合网络，以紧密的联系机制和良好的创业氛围，实现"1+1>2"的合力效果。其中，高校是创新型人才的孵化地和创新性成果产出的厚土壤，主要职能就在于为国家创新体系输出各级各类高素质人才，为创新创业提供相对稳定的创新人才群体来源，通过聚焦于国家战略发展需求和支柱性产业，发挥自身对知识、人才、专业技术和研究平台的资源整合优势，以及产学

① 2014 年 6 月 9 日，习近平在中国科学院第十七次院士大会、中国工程院第十二次院士大会上的讲话。

② 杜鹏，安瑞霞. 从人口大国到人力资源强国——改革开放四十年中国教育发展成就与人力资源发展［J］. 国家教育行政学院学报，2018（11）：11.

研相结合的优良传统，在教育教学活动中不断培育出具备科学知识和创新素质的专业性人才，提升高校自主创新能力，以更好服务创新驱动发展。“十四五”时期，我国提出打造“双创”升级版，实现创新创业高质量发展的战略要求，赋予高校服务和引领创新发展能力新的内涵。

2. 创新创业成为缓解就业压力的有效途径

随着全球经济的动荡和技术的快速变化，科学技术将在经济社会发展中发挥更加重要的作用。安德鲁·迈克菲（Andrew McAfee）预计在未来十年内人类目前所从事工作的50%将由机械代替，这不仅包括劳动密集型行业的工作，而且也包括其他工业部门的工作。科学技术的飞速发展将使传统的就业岗位不断减少，传统产业对劳动力需求不足，将导致就业矛盾日益突出。未来全球劳动力市场将出现颠覆性变革，科学技术将创造新就业与永久性失业浪潮。技术发展总会带来一些岗位流失和失业，同时也会创造出许多新的工作岗位。研究指出，1990 年以后，有 1500 多种新工作正式出现。2004 年，伦敦市的新兴工作占 8.6%，2014 年增至 9.8%。还有研究指出，每部署一个机器人，将创造出 3.6 个岗位。不过，“自动化本身的自动化”正带来扑朔迷离的变化。① 当前行业必须适应新时代的发展需求，员工素质必须与其他国际同行竞争。同时面临着世界范围和全国范围内的多元化挑战，如疫情等全球性突发事件频发、经济全球化、政治文化输出和国际战略博弈等。在复杂严峻的世界形势下，加之高等教育人才输出规模不断扩大、劳动力市场竞争激烈，高校大学生就业将面临“选择”和“被选”的两难境地。如何在求职大军中，有效选择与专业所学相贴合的兴趣就业岗位，成为大学生就业选择的一大愿景。早于 2003 年，大学招生规模不断扩大，劳动力市场岗位呈现供不应求态势，在这种就业形势下，创新创业成为独辟蹊径的一种就业选择，开始逐渐受到就业者的青睐。近年来，随着我国高等教育事业的快速发展，大学生规模再创新高，提高大学生的创新创业意识已成

① 李万. 无尽的前沿、诱人的未知：新科技革命正引致一系列深刻变革［J］. 中国科技论坛，2021（9）.

为全社会必须面对的重要课题。2020 年，高等教育在学总规模 4183 万人，毛入学率高达 54.4%，我国高等教育进入普及化阶段。2021 年，政府工作报告对城镇就业形势分析，指出城镇新增就业人数规模庞大，超过 1100 万人。2021 年 3 月，人力资源和社会保障部副部长李忠介绍 2020 年高校毕业生总体就业率达 90%以上，好于预期。但提及对 2021 年就业形势的预估，他表示就业形势不甚乐观，国内外环境不稳定性因素增多，加之大量往届未就业毕业生求职现象，使得 2021 年求职人数空前增加，缓解就业压力的任务更为艰巨（如图 1-1）。

图 1-1　全国高等教育在学总规模及毛入学率

2021 年全国高校应届和往届待就业毕业生、归国留学生在内的实际求职人数预计超过 1000 万人。[①] 这意味着就业形势面临着前所未有的挑战，应届和往届毕业生在同一时间寻求职业岗位，大批量挺进就业市场，一定数量的就业岗位供给无法同时容纳数量庞大的就业需要，就不可避免地造成劳动力资源的浪费。从 2020 年到 2021 年，大学生就业季注定交织又漫长。由此可见，目前大学生自主创业的数量和比例并不高，成功率也低，创业对就业的实际带动效果仍不显著，这直接构成了负面的榜样效应。此时，鼓励和引导大学生创业，激发大学生创业兴趣和动力，对于缓解劳动力市场供需不平衡困境，发挥创业在扩大就业中的倍

① 周沫言. 909 万个期待：如何为大学生就业保驾护航［N］. 中国青年报，2021-03-09.

增效应意义重大。“一个人创业一群人就业”，大学生创业的就业辐射作用和社会帮扶效用都是拉动经济增长、改善社会民生的重要利器和法宝，体现个体价值和社会价值的有效融合。

党的十九届五中全会强调千方百计稳定和扩大就业，再次将就业拉入大众视野中，亟须完善重点群体就业支持体系。长期以来，高校毕业生就业问题备受关注，关乎社会公平和民生和谐，以其高质量和大规模化特质，不断为劳动力市场注入新的发展活力。在贯彻落实党中央、国务院“稳就业”“保就业”决策部署过程中，教育部决定实施“2021 届全国普通高校毕业生就业创业促进行动”①，以保障性政策的制定和实施，为高校毕业生提供基本和必需资源支撑，鼓励高校毕业生积极投身创新创业活动，在社会服务和贡献中强化社会责任意识，以高质量创业带动其他人就业，提高整体创业和就业水平。教育部《关于做好 2021 届全国普通高校毕业生就业创业工作的通知》提出强化就业优先政策，拓展政策性岗位和新兴领域就业空间，为就业创业工作开辟明朗性道路，健全就业帮扶体系。重要性举措包括成立高校毕业生创业指导委员会、拓展多元化多渠道就业、发挥创业孵化基地作用、举办“互联网+”大学生创新创业大赛等，不断致力于以创业带动就业的实现。

（二）新科技革命迫切需要高校深化教育改革

创新已成为 21 世纪国际经济舞台的“入口”，各国争相抢占创新制高点，力图以创新优势占据世界舞台。知识经济导致高技术领域的持续创新和技术产业的持续发展。以信息技术、生物技术、先进生产技术和先进环保技术为代表的高技术领域创新使生产和工业结构发生了革命性的变化。以广泛应用新的材料技术和新的能源技术作为主要的标志，人类社会的技术革命正逐渐从第三次技术革命过渡到更高的发展阶段，通过创新所取得的成就把社会生产力提高到了前所未有的高度。2020 年 11

① 教育部关于做好 2021 届全国普通高校毕业生就业创业工作的通知（教学〔2020〕5 号）. http：//www.moe.gov.cn/srcsite/A15/s3265/202012/t20201201_ 502736.html.

月 12 日，习近平总书记指出“我国经济社会发展比过去任何时候都更加需要科学技术解决方案，更加需要增强创新这个第一动力”。当前，世界范围内开始兴起以智能为标识、以新科技革命和新产业变革为主要特征的新工业革命，由对“人智”的依赖逐渐转向对“机智”的依赖，并凸显出人、机器和资源间的智能互联特征，在万物间建立起以科学技术为联结点的社会性网络，将新一代信息技术要素注入先进制造技术中，实现两者间有机融合。以智能化网络模糊物理世界和数字世界、产业和服务之间的界限，为利用现代科技和工业互联网在更广范围内优化配置资源，为更加高效和环境友好型的经济增长提供了无限机遇。牢牢把握新工业革命与我国转变发展方式的历史交汇期带来的发展机遇，是实现我国经济社会可持续发展，重塑我国全球竞争新优势的必由之路。①

1. 创新创业教育是深化高等教育改革的内在要求

当今国际竞争是全方位、多领域的竞争，尤其是科技创新方面，各个国家都不遗余力出台各种政策来促进本国科技创新发展，国际竞争已经实现了跨领域转移，时代的洪流将产业经济推下国际竞争舞台，国际竞争关注重点转向科技领域，尤其以基础科学研究领域最为典型，成为竞争焦点所在。为应对新的挑战，建设科技强国和教育强国，我们必须加快转变思维方式，以全新观念认识世界和改造世界，树立起整个国家和民族的创新意识，培养创业素质过关、创业实践效果显著的高质量人才，在创业、就业和创新三者间建立互联互通的全渠道，将创业教育贯穿人才培育全过程和全方面。新一轮科技革命提出对全方位发展型人才的现实需求，培养出综合素质过关、学习能力强大、掌握特定领域核心知识和能力，并将所学迁移至应用创造环节，进一步具备生活实践所需职业、创新等技能的全才。美国 21 世纪技能合作组织（Partnership For 21st Century Skills）基于新世纪下各行各业对人才的需求，提出人才的必

① 吕红星. 中国科学院副院长、中国科学院院士高鸿钧：新工业革命推动基础研究呈现五个新特征［N］. 中国经济时报，2021-09-28，T02 版.

备性技能，即学习和创新能力、信息化技能、生活和职业等技能。[①] 新科技是构建全新社会的支点，新科技发展必将引起未来高等教育重大变革。

2020 年 9 月 11 日，习近平总书记在科学家座谈会上的讲话对培养科技创新工作者的重要意义再一次进行强调，提出国家科学技术的创新力从根本上来源于人才，要突出教育的重要性，将其放在更加重要的位置，全方位提高教育质量。在科技发展历程进程中，高校始终是创新的人才源地和动力泵。随着社会经济的不断发展，新兴产业的涌现，对人才发展提出全方位的要求。高等教育需要的是具有前瞻性视野，能够为社会经济的发展以及科学的进步提供高素质的创新创业人才。依据国际惯行标准，我国已进入高等教育大众化的阶段，为迎接面对科技革命带来的挑战，我国高等教育人才层次、教学设计、学科方向以及专业结构亟须大幅调整，全面建构起同现代科技相适应的高素质人才培养体系，并将创新型人才视为人才培育工作的当务之急。目前，我国高等教育存在着内外两方面的压力：一方面，我国教学教育模式和人才的培养结构不够合理，人才的评价方式不科学，教育的发展和产业需求脱钩，造成人才培养不足以满足新时代社会经济的发展要求；另一方面，高等教育的全球化加剧了人学生创新能力的国际竞争，高素质创新人才、开创性科研成果以及顶级学科的数量多少，成果专利转化率的高低与否，影响了我国高校的国际认可度。对此，探索双创教育新模式，既是创新创业教育良好生态的现实要求，亦是高等教育发展的迫切需要，必须坚持深化改革高校创新创业教育作为高等教育综合性改革的突破口，倡导优质创业观，坚持面向全体、分类教育、加强实践，贯彻育人为本的原则，提高教育培养质量。

深化改革高等院校创新创业教育，是教育发展的必然所趋。自十八大做出创新创业人才重要部署以来，创新创业教育工作有序推进，并以高质量创业效果带动社会各领域的共同进步，逐步实现了高校人才培育

① 钟启泉. 基于核心素养的课程发展：挑战与课题［J］. 全球教育展望，2016（1）：3-25.

模式的丰富和就业机会供给的扩大。但是同时也伴随一些难以突破的创业难题，这些问题主要包括部分地方和高校的重视程度不足，社会关注度和支持度不高、理论和实践长期脱节、与专业教育融合度不高、创业模式单一、创业平台支撑力度不足以及创业体系亟待改革等。① 为进一步增强大众创业、万众创新，提升高校学生创新能力、专业水平以及企业家精神，高校教育还需明确创业教育发展的风向标，即与经济发展和科技进步相适应的新教育理念与教育实践。高校层面需要抓紧落实的举措包括，以政策为导向，以立德树人为根本任务，培育有思想、有情怀、有道德、有素质的人才。坚持创新带动创业、创业拉动就业，积极适应经济发展的新形势，以稳步推进的素质教育作为主体，以人才培养机制创新作为核心，以政策支持和完善条件作为支撑，加快培养创业素质过关的创新创业人才队伍，以高昂的创业热情和永不褪色的创业情怀，投身社会主义现代化强国的建设中去，为稳增长、促改革、调结构、惠民生做出积极贡献。

2. 创新创业人才是推动社会变革创新的迫切需要

从历史发展的角度来看，创新始终是科学技术革命的重要起点和标志。学术界以人类社会科技革命的发生次数为角度，分化出三次革命说、四次革命说和五次革命说。其中，五次革命说得到学界更多的支持和认同，该观点将世界科技革命划分为五次，包括两次科学革命和三次技术革命（详见表 1-1）。② 这五次科技革命是科学技术领域里的五次重大飞跃，不仅从根本上带来了科学范式或技术范式的转变，同时推动了人类社会各领域的重大变革，更新人类生产生活方式，每一次变革影响的人数均超过了世界总人口的一半。进入 21 世纪，第六次科技革命和产业革命以强劲势头，为社会各领域带来翻天覆地的变化和难以估量的影响。不仅是经济生产方式、分工组织方式和思维认识方式都有了颠

---

① 国务院办公厅关于深化高等学校创新创业教育改革的实施意见（国办发〔2015〕36 号）. http：//www.gov.cn/zhengce/content/2015-05/13/content_ 9740.htm.

② 张学敏，柴然. 第六次科技革命影响下的教育变革［J］. 东北师大学报（哲学社会科学版），2021（2）：118.

覆性变化，这些各领域的历史机遇和严峻挑战变化将最终积聚为世界政治和经济格局的变更。

表 1–1 十六世纪以来科技革命的发展历程

科技革命的发展历程	大致时间	科技革命的名称和类别	主体部分和若干代表
第一次科技革命	16—17 世纪	近代物理学革命（科学革命）	物理学革命，哥白尼、伽利略、牛顿力学
第二次科技革命	1733—1870 年	蒸汽机和机械革命（技术革命）	机械技术，纺织机、蒸汽机、工作母机
第三次科技革命	1870—1945 年	电力和运输革命（技术革命）	电力技术，发电机、内燃机、石化、电讯
第四次和 第五次科技革命	20 世纪上半叶 1945—2020 年	相对论和量子论革命（科学革命） 电子和信息革命（技术革命）	物理学，相对论、量子论、射线和电子 电子和信息技术，计算机、互联网
第六次和 第七次科技革命	2020—2050 年 2050—2100 年	新生物学和再生革命（科技革命） 新物理学和时空革命（科技革命）	新生物学，信息转换、仿生、创生、再生 新物理学，新时空、新能源、新运输

新科技革命方兴未艾、一路向前，充足的发展前景使得各国都拼力争取未来产业的制高点，新一轮国际竞争由此展开。习近平总书记提出“进入 21 世纪以来，全球科技创新进入空前密集活跃的时期，新一轮科技革命和产业变革正在重构全球创新版图，重塑全球经济结构”。关于全球科技创业所处时期的重要论述，所传达的重要信息是，正在经历的科技革命会在中国、世界发展史上书写浓重的一笔，两个“重”字表明世界格局即将因新科技革命而重新塑造和建构。德鲁克认为，对广泛性社会变革难题的破解，需要多重创新因素，“相对于技术创新而言，对社会创新的需要甚至有可能更加迫切”。

当今，中国正处于科技领域的全方位赶超时期。“十三五”以来中国科技实力与创新水平进一步提升，实现了历史性、格局性以及整体性的改变，全社会研发指出从 2015 年的 1.42 万亿元提高到 2020 年的 2.4 万亿元左右，实现了翻倍性的增长。有相关研发指出，这种增长率的根源在于科技创新能力，经预计，2020 年科技贡献率将高达 60%。实践证明，该预期目标得到有效实现，且公民科学素养的比例已逾 10%。世界知识产权组织发布的“全球创新指数”显示，中国科技创新地位的提升，从 2015 年的第 29 位跃升到 2020 年的第 14 位，实现了排名的大幅进步。整体来看，创新型国家的建设取得了决定性成就。[①] 然而，当面对科技革命与产业变革等重大命题时，必须坚持创新驱动发展战略，洞悉技术领域内的新变化，关注新生产要素的产生和运用，推动供给侧结构性改革，并在新技术改革背景下，加强高素质人力资源的储备，以规模庞大的双创生力军推进社会变革。

培养创新精神和创业能力是一个长期的、持续的过程。高校是双创主阵地，肩负着巨大的人才培育和科技创新使命，应强调创新创业教育的全过程化和全方位化。在这个过程中，高校是人才主要源地，应重新调整教育观念和教学方法，以大学生培养规律和发展需求为出发点，以创新型人才培育为核心，创新教育教学模式，向大学生灌输正确的创新创业理念和情怀，使大学生能够依照创业准则做出正确的“双创”价值选择，为大学生全面成长成才提供必要性条件，并促使创新创业活动真正服务于国家和社会的发展。为达到以上目标，高等教育亟须对不同类别、不同层次的学科资源进行整合，发展“专业+创业”的融合性教育，以专业知识和能力作为创新创业活动的竞争优势，实现对人才资源的充分挖掘。优化和调整专业结构，实行优秀教师资源的共享，以多元主体间协同推进，共同汇聚成创新创业人才培养的发展合力，积极探索出培育引领未来经济建设和社会变革方向的创新创业人才新路径。以问题发现意识和解决意识，发现高校创新创业教育中存在的问题，并集中优势力量共同解决难题，补齐教育体系中存在的“短板”，加强对大学生创业

① 科技部部长王志刚在国新办就加快建设创新型国家，全面支撑新发展格局有关情况举行的发布会上讲话，光明网，https：//tech.gmw.cn/2021-02/26/content_ 34646622.htm.

素质的培养。通过打造“双创”升级版，提高创新创业的发展层次和效果层次，在大幅降低成本的同时，提高创新创业质量和效益，发展线上线下结合、产学研用协同、大中小企业融合等多要素构成的创新创业格局，加快培育出创新创业发展新动能，实现经济跨越式发展。[①]

二、我国高校创新创业教育政策的研究意义

创新是推进经济体制转型和社会可持续发展的动力源泉，创业是将创新成果落地并转化为社会生产力的重要途径，创新创业是广大青年实现自身价值的积极探索，有助于为中国梦的实现添砖加瓦。[②] 大学生群体作为国家培养的高级专业人才，在摄取新知识和接受新思想等层面都具备得天独厚的优势，是我国创新创业的生力军。已有研究显示，大学生创业在创造税收和就业方面都具有显著的乘数效应。[③] 尽管大学生在个体特质、专业教育、思维能力等方面均具有天然优势，却存在技术积累薄弱、缺乏创新方法、创业资金匮乏、社会经验和阅历不足等劣势，在诸多短板限制大学生创新创业活动的现实背景下，弥补短板并激发长板优势的关键变量在于健全的创业政策。根据发达国家经验，倾斜性创业政策优势是大学生创新创业活动不可缺少的方向盘和动力源，通过提供创业指导、专利创新、企业孵化等支持性举措，营造良好的创新创业生态环境，使创业想法能够向着可落实的商业模式前进。[④] 然而，我国大学生创新创业起步较晚，且成功率和社会效益仍有待提高，作为促进其发展的公共政策体系仍处于动态调整阶段，亟待持续完善。因此，结合我国

---

① 国务院关于推动创新创业高质量发展打造“双创”升级版的意见（国发〔2018〕32 号）. http：//www.gov.cn/zhengce/content/2018-09/26/content_ 5325472.htm.

② 熊英. 创新创业：青年大学生铸就中国梦的时代探索［J］. 人民论坛，2018（18）：128-129.

③ Trivedi R.Does university play significant role in shaping entrepreneurial intention? A cross-country comparative analysis［J］. Journal of Small Business and Enterprise Development，2016，23（3）：790-811.

④ 夏人青，罗志敏，严军. 中国大学生创业政策的回顾与展望（1999—2011 年）［J］. 高教探索，2012（01）：123-127.

高校创新创业教育的实际，系统梳理我国有关创新创业教育的重大政策以及深化改革的决策部署，将为更加深入地认识我国高校深化创新创业教育改革政策的经济价值、社会价值和人文价值奠定理论基础。

（一）我国高校创新创业教育的核心概念

创新创业教育以创新创业人才培育为教育目标，以具备“双创”人格、思维、精神和能力的复合型人才为培养规格，是知识经济时代背景下产生的新型教育观念和教育形式。

1. 创新创业教育的内涵

国外创业教育发轫于缓解就业问题的现实需要，自1919年霍勒斯·摩西建立青年商业社，以及美国大学设立创业教育类课程，创业教育开始以教育课程和培训的形态出现。20世纪70年代硅谷创业者创业成功的经验，将创业活动推向研究高潮。1978年，百森商学院（Babson College）设立了美国第一个专门的创业研究中心，创业教育研究逐渐受到重视。2013年美国著名的创业教育研究机构考夫曼基金会对创业教育做出定义，认为创业教育是一个传授和教导概念和技能以帮助创业者识别机会、付诸行动的过程。相较而言，国内创业教育起步较晚，在初期以适应市场经济体制为主要目的，其后也开始倡导以创业教育缓解就业压力。关于国内创业教育的起点普遍认为是1997年清华大学举办的创业计划大赛。随着2002年国家正式启动创业教育的高校试点，将清华大学、中国人民大学、北京航空航天大学等在内的九所高校纳入创业试点学校范围，此后在2006年召开的全国科技大会更是将创业发展与创业教育推到了新的高峰。

不同学者在不同时期对“创新创业教育”内涵有不同认识。梳理学术界关于双创教育内涵的研究，经历了较长的发展历程，主要包括如下阶段[①]：①替代论，侧重于对“潜概念”的内涵解释。仅仅对双创教育表层含义展开解释，将其简单等同于创业教育，存在认识上的片面性；

① 梁晓芳，柳军. 创新创业教育研究综述［J］. 创新与创业教育，2017（5）：49.

②整体论，在该理论视角下对创新创业教育的阐释，停留于“前概念”阶段，尚未触及概念的实质性内容；③综合论，该阶段将研究视角扩大至多领域范围，偏向于“概念确立”阶段的内涵阐释，开始以整体和系统视角综合解释双创的内涵和外延，并于2010年“双创”教育全新概念得以确立；④融合论，该阶段对应“后概念”内涵阐述，在已有内涵解释基础上，尝试深入到“双创”教育的本质特质，揭示最一般性的特征，实现已有研究质的提升（李亚员，2016）。该阶段的代表性观点包括：①对创新创业精神的培育。第一，“求真探索”精神，认为创新创业是基于探索性思维和实践，在全新创业领域内的不断开拓；第二，“独立自主”精神；第三，“紧抓机遇”精神的培育；第四，“质疑批判”精神；第五，“冒险开拓”精神（李贵兰，2010）；②将“双创”拆分为创新和创业，分别从两组词汇的具体含义出发，解释创新创业的内涵和表征，认为“双创”是创新教育和创业教育的叠加（龙飞、金鑫，2012）；将“双创”定义为就业教育的拓展，认为创新和创业教育相辅相成、共同促进，并以创新、创造和实践概括为双创的基本特征（刘军，2016）；③开辟多元视角下的双创说，包括广义狭义说、质变量变说、个体本位和社会本位说（张冰、白华，2014）；④以开创性人才培育为核心，整合出“素质型”和“职业型”两种教育类型（王占仁，2015）。

“双创”教育不能从字面意义简单等同于创新或创业，两者凝聚着不同的特质和价值，创新蕴含着创造价值，创业则强调企业的盈利性、生存性和成长性。概而言之，其真正内涵是在正常教育理念和教育环境下，以构建现代化教育模式为目的，培养出一批具有创新能力、实践能力和应用能力的高质量拔尖人才，使大学生从职位谋求者转变为岗位创造者。

2. 创新创业政策的内涵

作为一种公共政策，创新创业政策旨在激励更多的人培养创新思维，从而加入创业的队伍中，步入创业初级阶段，完成创业就业的早期发展。笔者认为创新创业政策是一种以创新为基石，以创业为载体的创业政策，其包含的具体内容有提升创新创业意识及能力、打造良好宽松的创新创业文化氛围、提供便捷的创新创业服务。创新创业政策是为鼓励更多的人加入创业队伍，由政府制定的，通过改善企业文化、制度、金融等外在环境条件，制定一系列政策文件，以提升创业意识，提高创业能力，激励创业想法，增加创业机会，降低创业风险，优化创业氛围，使创业活动顺利进行。创新创业政策重点在于突破现有的创业政策，强调了创新在创业过程中的核心地位。

3. 政策评估的内涵

中国在探索政策评估上成果丰硕。自 1980 年以来，中国大致走过了价值评价、技术评估、系统性综合评估等一系列成长路径，且在相应的成长周期关口繁衍出“政策分析”“政策评价”以及“公共政策”等一系列专业名词，经过反复的历史文献推敲及对现实的投入应用，政策评估在轮回中最终归于公共政策的内核组成部分。（1）价值评价。此阶段的观点是，政策评估仅仅停留在制度与措施正式出台前的商议阶段，是对即将实行的一系列制度进行权衡利益得失、实现路径探索以及估计最终结果的过程。政策评价则有别于政策的评估，其主要依据是按照标准化的度量值对实施某制度可产生的未来效益进行预判与估算。（2）技术评估。公共政策往往依据一定的理论基础与现实经验累积而成，因此在政策评估过程中，往往要借助大量定义符号、科学手段和研究方式，但这样会导致另一种极端“过度依赖工具”的现象出现，这样的现象很容易导致大众对公共政策有效性的实现方式出现认知偏差，认为只有大量使用技术和工具，才能达到评估有效性的目的。（3）系统性综合评估。此类评估融合了公共政策先进化与亲民化的特质。按照公共政策所表现的特质，我国研究人员在对政策评估的接纳与吸收上产生了更进一步的提升，多数观点如下：评估体现为在评价的同时交叉融合分析的过程，凡是涉及以权威形式标准化地规定在一定期限内，应达到的标准、所采取的行动、拟完成的任务以及采取的一系列步骤和具体措施的行为，都可用“评估”简而概之。综合上述三类观点可得出小结，学术界对政策评估最统一的声音为：按照既定的格式和流程对即将出台发布的新规定和办法进行效果利益、单位时间内完成的工作量及其积极意义和有用性进行肯定或否定的一种正式行为，最终结果导向为深入细致地了解这些新规新办内容，以期决定是否在后期对这些内容进行修改、整顿或重组（陈振明，2004）。

在以上对基本含义的深度剖析基础上，本研究对中国高等院校创新创业教育的成效进行了系统、全面地评估，重点关注创新创业教育改革政策的整个成长过程。以《国务院办公厅关于深化高等学校创新创业教育改革的实施意见》（国办发〔2015〕36 号）（以下简称《意见》）为中心，《意见》强调：到全面建成小康社会之际，高校创新创业教育体系必须包含以下内容：教师课堂教学；学生自主学习；理论联系实际；政府指导帮扶；国家文化引领等相互融合。对我国深化高等教育学校创新创业教育的制度措施价值进行判断与分析，对制度施行情况进行跟踪调查，对制度施行最终结果进行最终检查验收，对制度发布所出现的问题进行探讨解决。用已存在的方法和工具对现实存在的问题进行嵌入式分析探讨，努力做出对提升高等教育院校创业教育质量，推动大众创业、万众创新，使学生获得全面发展的可操作性强、针对性强的对策建议。

（二）我国高校创新创业教育的研究综述

1. 国内研究现状述评

为全面了解我国创新创业教育学术研究的主要进展，本研究以中国知网核心期刊和 CSSCI 数据库为检索数据库。结合研究主题，将“创新创业教育”作为关键词和主题词进行专业检索发现，核心期刊最早刊发有关“创新创业教育”的论文起源于 2001 年，2001—2020 年至今共检索到 923 篇文献。本研究采用文献计量法，获得研究文献总体趋势、主题分布情况详见下图 1-2。

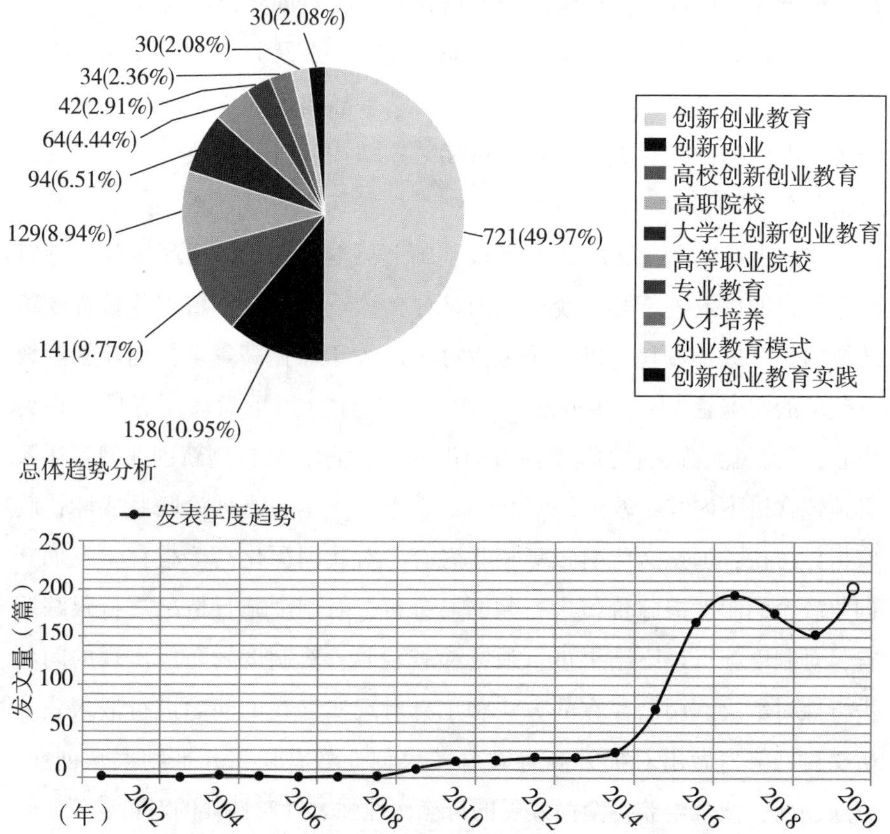

图 1-2　2001—2020 年核心期刊与 CSSCI 数据库创新创业教育文献总体趋势和主题分布图

文献研究表明，自 2001 年以来“创新创业教育”因政策驱动和实践发展成为研究热点的趋势比较明显，尤其是自 2015 年国内研究论文数量直线攀升，在 2017 年达到峰值后两年趋于小幅回落，截至 2020 年第一季度论文数量再次跃上历史新高，并呈现出良好的发展势头。由此可见，我国创新创业教育研究仍为当前研究的热点和关注点，不仅具有较长的时间研究跨度，并且当前仍具有广阔的发展空间。基于文献分布状况，主要特征集中表现为：

（1）核心期刊分布差异较大，部分核心期刊研究数量多，部分则研究数量极少，不均衡现象严重；

（2）创新创业教育研究者数量规模庞大，但彼此间关系分散，尚未形成核心作者群；

（3）研究机构以综合性大学、师范院校、理工院校和职业院校为主，其他类型院校或研究机构关注较少或仍未开展相关研究；

（4）创新创业教育研究政策导向性和现实价值强，备受各级政府和高校等多元主体关注，但目前研究深度、层次和精细度还有待提高。

根据主题词和关键词统计分析结果，创新创业教育的关注性主题主要分布为现状和问题、模式和体系建设、人才培育路径、与专业教育的融合、发展策略等研究主题。现有成果的相关研究主题和热点较为多元，除主要针对"创新创业教育"进行政策释义性研究、围绕"课程改革和教育教学"进行中微观问题研究外，呈现出多领域（包括高教、职教、成教等）、多学科（包括教育经济、教育管理、科学技术、行政法治等）、多热点（包括大学生创业实践、高等职业学院、创业教育模式、人才培养等）的"点状分散型"发展势态。与此相较，全面系统研究创新创业教育的理论和政策，专门针对"深化高等学校创新创业教育改革"的政策实施开展实证研究相对较少，特别是从政策评估的角度对创新创业教育进行全面和系统研究就更为鲜有。

2. 国外研究现状述评

对过去20年创业教育研究的发展、热点和趋势的文献进行直观分析后发现，近年来创业教育已成为各国和国际组织关注的重点领域之一（倪好、蔡娟，2018）。在学术论文、学术期刊以及报纸等学术成果的搜索结果中发现，全球近80个国家或地区对高校创新创业教育进行了研究。位于北美洲与欧洲的国家更倾向于研究创业教育，大洋洲、南美洲、欧洲等多个国家也对创业教育进行不少探索。从最大引用频次来看，在研究成果产出量前沿，主要涉及学科为商业与经济学、教育与教育研究学、管理学等多学科领域。此现象表明创业教育为交叉学科，学者必须进行大量的前期储备工作，否则难以从整体进行把握。创业教育研究热点在于：①学术创业与技术转化；②大学生创业心理；③社会创业教育与少数（弱势）群体赋权；④创业学习。与此同时，有关创业教育与专业学科间关系的研究热度也高涨不退，研究焦点在于对外部学科的影响特质和作用机制进行分析。诸如此类：学校及教师将大学生创业意向培养作为主要工作任务的原因、提高大学生创业热情的举措、社会创业占据舆论媒体大部分资源的机理等研究话题。从多种类的人文社会科学视角对创业教育进行研究切入点。在对“为什么而进行研究”的回答上，国外学者多数集中于“如何使高校创业教育带来更大积极性与有用性”“使创业教育产生高价值应采取的方法”等研究，其研究成果为高校与相关的利益相关者带来良好的价值成果。在“如何进行研究”中，国外的研究大多数基于实践的基础上，并且采用先进、解释性强的工具对创业教育进行研究。在“除了创业还有什么”的回答中，国外研究人员早在社会创业、学术创业、女性创业、农村创业等创业概念外延的探讨上也成果颇多。

（三）我国高校创新创业教育的研究价值

学术研究作为一种社会进步的推进力量始终是与社会的使命和需要相依存的。面对国际竞争日益激烈的百年未有之大变局，迫切需要我们聚焦主题，坚持问题导向，开展基于实证的理论研究，提出对决策和对实践有价值、有实效的对策建议。展望创新创业教育的研究和发展，涉及多学科思维和基础理论知识，需要寻求经济学、管理学和教育学等多学科理论的支持，以综合全面的研究视域，把握创新创业教育的架构体系；进一步加强政策研究和实证研究，提升创新创业教育的研究层次和成果质量，打造“双创”升级版，推动创新创业高质量发展。

综上可见，创新创业教育对我国高等教育改革、培养大学生创新创业意识以及加快创新型国家建设均意义重大。从政策评估研究的视角开展对我国深化高校创新创业教育的系统研究具有非常重要的理论和现实意义。在理论层面：我国创新创业教育的科学化发展不能忽视理论和方法的重要性，理论对于社会科学的指示价值和预测意义，建构高校创新创业教育理论体系，体现本土化创业特质至关重要。本研究拟围绕创新创业教育进行系统深入的理论研究，力求在完善我国创新创业教育制度体系方面有所创新，希望对丰富我国创新创业理论以及教育现代化理论做出积极的学术贡献。在实践层面：深化高校创新创业教育改革既是推动大众创业、万众创新的战略部署，又是提升高等教育质量，促进学生全面发展的重要举措。本研究拟重点围绕高校创新创业教育的发展状况和政策实施效果，通过调查研究获得贴近实践的研究发现，力争针对当前我国高校创新创业教育发展存在的突出问题提出有价值的对策建议，以期对深化高等教育改革和指导教育实践具有重要的应用价值。

三、我国高校创新创业教育政策的文本分析

通过检索中国知网 2009—2019 年十年间的论文发表情况，发现关于“高校创新创业政策”方面的优质期刊论文较少（核心及以上论文约 70 篇），硕博论文共计 72 篇。其中，硕博论文近三分之一是以某省市或某学校为例进行研究。文献检索表明，目前针对我国高校创新创业教育的政策开展的系统性、综合性和创新性的研究仍较为有限。因此，本研究聚焦政策文本本身，探索文本资料的固有价值和衍生作用可以为我国高校创新创业政策的制定与完善提供理论参考。

（一）关于创业政策衍生的共现网络图谱

为了更清晰和准确地了解近年来我国高校创新创业政策的研究概况，本研究利用了词频分析和共现网络分析的方法。首先，在中国知网中启用高级分析，在期刊搜索中选取核心及以上期刊，并输入“大学生”并含“创业政策”的主题以及“高校”并含“创业政策”的主题，获得约四百条检索信息，通过人工分拣发现大多数论文都是对高校大学生创业的现状、困境和对策的研究，针对该方面政策的研究十分有限，共计 142 篇。通过对这 142 篇论文进行可视化研究，如图 1-3 可得，点度中心度

较高的集中在“大学生”“大学生创业”和“创业政策”三个关键词，说明研究内容主要围绕大学生、大学生创业和创业政策三个领域。在政策方面主要集中在政策执行、政策建议、政策评估和扶持政策，对于政策文本的分析较为欠缺；从中间中心度来看，除了以上三个关键词，“问题”“创业”和“对策”的中介性也较高，说明近年来研究的重点是基于高校大学生创新创业现状、问题及解决策略，对具体政策文本研究和深度分析较少。

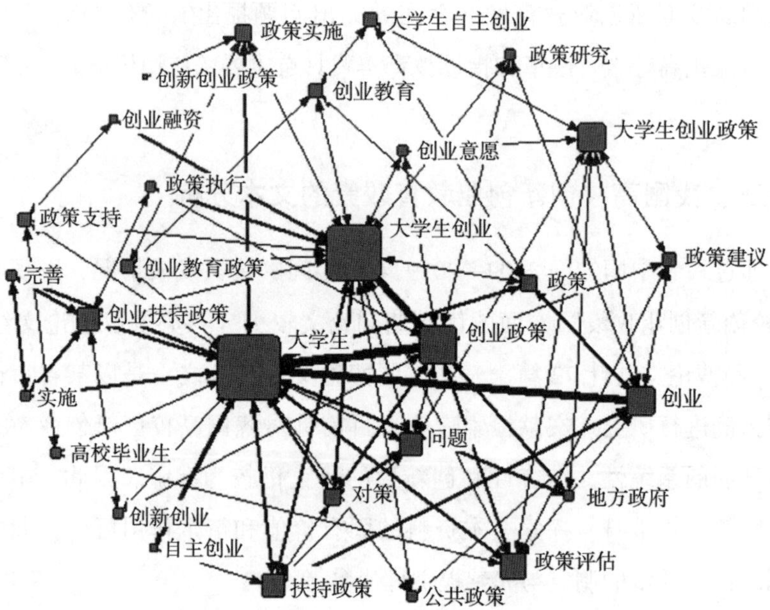

图 1-3　2009—2019 年论文共现网络图谱

（二）关于高校创新创业政策的文本研究

学界有关政策研究的主要客体是公共政策，其研究体系较为完善且研究脉络日益清晰，为本研究的开展提供了研究方法和研究工具的保障。近年来专门针对高校创新创业教育政策和大学生创新创业的政策研究较少，相关研究内容较为聚焦，主要包括发展历程、困境分析、对策建议几个方面。关于创新创业教育政策的发展历程，夏人青（2012）将其划分为三个阶段，①1999—2002 年：以高校自由探索为主，提倡大学生高科技创业；②2003—2006 年：提供创业优惠政策，重视普遍的创业活动；③2007—2011 年：更多部门参与，重视全面改进创业环境。[①] 黄兆信（2018）提出大学生创新创业发展划分为四个阶段：①自发探索阶段（1997—2002 年）；②政策驱动下的多渠道探索阶段（2003—2008 年）；③政策引导下的高校全面推进阶段（2009—2012 年）；④宏观指导为基础的个性化深入推进阶段（2013—2016 年）。[②] 关于高校创新创业教育政策的困境分析，叶映华（2011）分析得出的政策困境在于，高校创业支持政策不完善、大学生创业政策执行的问题、大学生特殊创业群体研究匮乏。[③] 关于高校创新创业教育政策的对策建议，多数学者主要从构建良好政策环境，对大学生创新创业应当采取整体视野与择优激励的方式给予政策支持和帮扶的视角，提出了相应的政策改进和优化的策略。

综上，针对我国高校大学生创新创业政策研究可以通过实证调研挖掘现存问题、政策效果，也可以依据制度规范考察政策制定与评估。但为了能够更加深入地通过对政策文本的挖掘来考察政策制定的历程、分析政策的利弊并为今后政策的制定提供理论依据，本研究主要采用文本研究的方法对我国高校大学生创新创业政策进行综合分析。

1. 研究对象——政策文本选择

我国大学生创新创业经过历史性演变形成了现有的政策文本体系。已有研究一般将 1998 年举办的首届清华创业计划大赛作为开端，此后相关支持政策即陆续发布。[④] 因此，本研究遵循以下政策文本选取原则：一是相关性。政策内容与大学生创新创业直接相关；二是权威性。政策来源为公开渠道，主要通过官方网站和北大法宝搜索，保证所选取的政策

---

① 夏人青，罗志敏，严军. 中国大学生创业政策的回顾与展望（1999-2011 年）[J]. 高教探索，2012（01）：123-127.

② 黄兆信，李炎炎，刘明阳. 中国创业教育研究 20 年：热点、趋势与演化路径——基于 37 种教育学 CSSCI 来源期刊的文献计量分析 [J]. 教育研究，2018，39（01）：64-73.

③ 叶映华. 大学生创业政策的困境及其转型 [J]. 教育发展研究，2011，31（01）：34-38.

④ 刘军. 我国大学生创业政策：演进逻辑及其趋向 [J]. 山东大学学报（哲学社会科学版），2015（03）：46-53.

内容翔实且规范，同时注重文本的代表性与多维性。依据以上原则，共选取了自 1998 年至 2019 年的 159 份大学生创新创业政策文本作为研究对象（具体政策文本详见附录）。所选取的政策文本分为三个层级：中央层级、地方层级和高校层级（见表 1–2）。中央层级的政策来自国务院、教育部、人社部的官方网站以及北大法宝，共计 18 份政策文本；地方层级的政策来自各省市自治区的政府官方网站，每个地区均包含三份及以上政策文本，主要涉及推进大众创业、万众创新，做好新形势下就业创业工作和深化高校创新创业改革等意见内容，共计 105 份政策文本；高校层级的政策主要来自教育部官网和各高校官网。为提升政策文本的代表性，本研究将高校层级的政策根据三个维度进行划分：维度一是学校层次，分为双一流高校、双一流学科高校、普通高校；维度二是学校类型，分为综合类、理工类和文科类高校；维度三是学校所属地区，根据地区经济发展水平和高校密度，分为一线城市地区高校，东部地区高校、西部地区高校和其他地区高校，共计 36 份政策文本（见表 1–3）。

表 1–2 政策文本选取一览表

明细 层级	来源	内容	政策文本数量
中央层级	国务院、教育部、人社部官网和北大法宝	推进“双创”、发展众创空间、高校毕业生就业创业、大学生创业引领计划等	18 份
地方层级	地区政府官网	推进大众创业、万众创新，做好新形势下就业创业工作，深化高校创新创业改革等	105 份
高校层级	教育部、高校官网	大学生创新创业教育改革实施方案	36 份

表 1-3 高校层级政策文本的选取维度标准（单位：份）

学校层次 \ 学校类型	综合类	理工类	文科类
双一流高校	4 份政策文本	4 份政策文本	4 份政策文本
双一流学科高校	4 份政策文本	4 份政策文本	4 份政策文本
普通高校	4 份政策文本	4 份政策文本	4 份政策文本

* 注：4 份政策文本分别选自一线城市地区高校，东部地区高校、西部地区高校和其他地区高校，高校层面共计政策文本 36 份。

2. 理论基础——双维理论框架

本文在已有研究的基础上，构建出基于创新链维度和创业过程维度的双维理论框架。该框架建构基于如下逻辑：一方面，创新性是大学生这一群体实现创业的优势所在，目前我国科技创新成果位居前列，数量分布庞大，但科技转化率处于中低端水平，具体表现为知识创新与产业创新的衔接不充分，致使创新成果未能有效地转化为新产业。[①] 因此，其衔接是关键，即创新思维需要与创业相交融。以大学生为主体的创新创业可以打通创新链之间的衔接点，让科研一线人员切实参与到创新创业的过程中来，直接将其研究成果转化为现实生产力，减少交易成本，实现创新链的高效畅通。另一方面，创业是创新的归宿和实现形式，创新贯穿创业的整个过程，这两者不是割裂的而是相互依存的关系，创新创业的过程要素应是政策制定的风向标。因此，不仅要明晰创新创业的纵向阶段特征，也要从横向探究创新创业的具体需求，探究大学生在创新创业过程中所需要素及其完善程度。本文即以纵横两个维度构建理论框架，并以此对不同阶段大学生创新创业的政策进行描述与评价，对当下大学生创新创业政策重心的倾向性和地域之间差异性特征进行分析。

（1）创新链维度

关于创新链的实现范式问题，英国经济学家弗里曼（Freeman）认为，创新强调新事物、新思想、新价值的产生，创新成果是提升全社会

① 洪银兴. 科技创新阶段及其创新价值链分析［J］. 经济学家，2017（04）：5-12.

生产率的价值。[①] 汉森（Hansen）和博肯绍尔（Birkinshaw）在综合了波特（Porter）的价值链思想后，提出创新价值链包括创意产生、创意转换和创意传播三个步骤[②]，这三个步骤是相互递进、深化发展的关系。克拉克（Clark）认为创新过程应遵循基础性创新、改良性创新和营销创新。[③] 基于以上所述，创新链是创新行为在时间向度上的纵向发展过程，本文认为具体可分为以下三个阶段层次：上游层是创新创业思维的酝酿；中游层是创新成果的孵化；下游层是创新产业的成型。

本文通过将大学生创新创业的政策文本按照以上三个层次进行纵向维度划分，试图了解政策文本对大学生创新创业不同发展阶段的支持力度和侧重，进而梳理政策脉络并分析其合理性。

（2）创业过程维度

“创业教育之父”蒂蒙斯（Timmons）提出了商机驱动、资源保障、团队指导相交互的创业活动行为过程。[④] 巴隆（Baron）和谢恩（Shane）将经典创业过程划分为机会识别、决定继续并整合所需资源、开办一个新企业、成功发展企业和收获回报五个子系统。[⑤] Timmons 系统提出创业过程理论模型，对创业机会、创业资源和创业团队间的关系进行两两比对，指出三种要素动态平衡是创业系统发展的重要前提，创业者领导能力、沟通能力和创造能力是关键路径。我国学者樊一阳构建了创业过程影响因素：创业者创业机会、资源整合、个人因素。[⑥] 综合以上创业理论，并结合 Rothwell 和 Zegveld 提出的供给、环境、需求这三种政策工具类型，本文将创新过程政策类型划分为创造机会、供给资源和人才培养三大类。

---

① 新帕尔格雷夫经济学大辞典（第 2 册）［M］. 经济科学出版社，1996. 925.

② Hansen，M.T.，Birkinshaw，J.. The Innovation Value Chain. Harvard Business Review，2008，5（4）：121-130.

③ 克拉克. 企业技术创新的模式［M］//载廖理等. 探求智慧之旅. 北京：北京大学出版社，2000：282.

④ Timmons.J.A.New Venture Creation-5thed［M］. Singapore：McGraw-Hill，1999. 56.

⑤［美］罗伯特・A・巴隆，斯科特・A・谢恩. 创业管理：基于过程的观点［M］. 张玉利，谭新生，陈立新，译. 北京：机械工业出版社，2005：8-9.

⑥ 樊一阳，徐玉良.《创业学概论》，北京，清华大学出版社. 2010. 82.

基于上述思想资源及研究成果，本文以上述方式对大学生创新创业政策文本的处理，从横向维度分析不同创新创业阶段大学生创业的需求要素，试图探究大学生在创新创业过程中各要素在不同阶段的分布情况。

（3）双维理论框架构建

通过对大学生创新创业的政策文本进行纵向和横向维度的理论构建，形成了基于纵向维度的创新链理论和基于横向维度的创业过程理论。其中，创新链理论囊括了创新创业过程中最主要的三个阶段层次，具有时间序列先后关系，依次为创新创业思维的酝酿、创新成果的孵化和创新产业的成型；创业过程理论所包含的创造机会、资源供给和人才培养三要素贯穿双创各层次中。上述两个维度构成了以创新链理论为纵轴、创业过程理论为横轴的双维坐标系，本文在政策文本和双维坐标基础上，细分出了多维指标体系，详细规范了不同创新创业层次的创新创业要素内涵（如图 1–4）。

创新链维度	创造机会	供给资源	人才培养
创新创业产业的成型	注册资金可分期；税费减免、小额担保贷款、毕业学年享受创业培训补贴；企业融入创业基地建设；支持与风险投资结合；鼓励去艰苦地区创业；经营场所灵活；开通“绿色通道”创业地落户；免费保管档案；创新体制机制	对符合条件的创业大学生按规定给予经营场所租金补贴；落实创业阶段的“一站式”服务；提供政府采购支持；为高端人才家属提供相关保障	创业质量检测跟踪体系；监督创新创业工作落实；引导创业发展方向
创新创业成果的孵化	举办创业大赛；提供创业项目；加强校企合作与成果转换	为创业者提供贷款、担保和贴息扶持；提供创业孵化基地；创业过程信息服务；大学生创业基金	优化学科结构并加强实践教学；高校要建立弹性学制，允许在校学生休学创业
创新创业思维的酝酿	鼓励学生自主创业；构建创业的社会氛围	提供创业信息资源；提供相关前期咨询；高校与企事业单位人员互聘；创新创业师资培训	创业事迹宣讲培训；开展创新创业教育；创业理论和教材开发；开展大学生创业实训；结合学校定位和专业方向进行创业
	创业过程维度		

图 1–4 双维理论框架的坐标体系

3. 政策文本分析过程

（1）不同地区政策文本的分析过程

以各省属单位地方政策文本为分析基础，以双维理论为框架，构建政策发布地区分析矩阵，根据表1-4所示，3×3双维理论框架被划分为9个指标。归一化处理政策编码数量后，总体而言，地方的政策注意力明显集中于创新链的成果孵化层次。具体而言，不同地区的政策对创新链各层次与创业过程各要素的重视程度存在倾向性差异。

表1-4 政策发布地区与双维理论框架的分析矩阵

	一线城市地区	东部地区	其他地区	西部地区	求和	标准差
创新创业思维的酝酿×创造机会	0	0.0436	0.0371	**0.0397**	0.1204	0.0175
创新创业思维的酝酿×供给资源	0.0312	**0.0543**	0.0222	0.0397	0.1474	0.0118
创新创业思维的酝酿×人才培养	**0.2188**	0.1304	0.1704	0.1589	0.6785	0.0319
创新创业成果的孵化×创造机会	**0.1875**	0.1413	0.1333	0.1391	0.6012	0.0216
创新创业成果的孵化×供给资源	0.2188	**0.2391**	0.1926	0.2053	0.8558	0.0172
创新创业成果的孵化×人才培养	0.0938	0.1413	0.1407	0.1391	0.5149	0.0202
创新创业产业的成型×创造机会	0.1249	0.1304	**0.1407**	0.1325	0.5285	0.0057
创新创业产业的成型×供给资源	0.0625	0.0435	**0.0815**	**0.0795**	0.2670	0.0153
创新创业产业的成型×人才培养	0.0625	0.0761	0.0815	0.0662	0.2863	0.0076
求和	1	1	1	1		
标准差	0.0767	0.0601	0.0553	0.0542		

标准差体现了数据的离散程度，标准差越小，数据波动变化越小。从双维理论框架来看：创新创业产业的成型层次较其他创新链层次标准差较小，在创造机会、供给资源和人才培养各要素的标准差分别为0.0057、0.0153和0.0076，说明该层次各地区对大学生创新创业的政策支持并不存在明显差异。相反，各地区在创新创业思维的酝酿层次和创新创业成果的孵化层次的政策差异较大。具体来看，标准差较大的维度是“创新创业思维的酝酿×人才培养”“创新创业成果的孵化×人才培养”“创新创业成果的孵化×创造机会”，在“创新创业思维的酝酿×人才培养”方面，能够清晰地发现，一线城市地区的政策数据明显高于其他三个地区，而在“创新创业思维的酝酿×人才培养”方面，一线城市地区的政策数据明显低于其他三个地区，这表明在创新链中，一线城市对于“人才培养”要素的政策支持先于其他地区；在“创新创业成果的孵化×创造机会”方面，一线城市地区的政策支持力度要高于其他三个地区，相反，在“创新创业思维的酝酿×创造机会”方面，一线城市地区的政策支持力度则低于其他三个地区，这表明与其他三个地区相比，一线城市地区对于创造机会的政策支持力度多分布为创新创业成果的孵化层次，在创新链方面则晚于其他地区。

由一线城市地区到西部地区的标准差逐渐减小，分别为0.0767、0.0601、0.0553、0.0542，这表明一线城市地区政策分布更为离散，而西部地区的政策帮扶则相对平均。西部政策编码数据表明，该地区相对于其他三个地区而言，既没有明显的帮扶倾向，也没有明显的帮扶不到位情况。进一步分析数据发现，一线城市地区在“创新创业思维的酝酿×人才培养”和“创新创业成果的孵化×创造机会”方面明显高于其他三个地区；东部地区在“创新创业思维的酝酿×供给资源”和“创新创业成果的孵化×供给资源”方面相对高于其他三个地区；其他地区在“创新创业产业的成型×创造机会”方面略高于其他三个地区；西部地区在“创新创业思维的酝酿×创造机会”和“创新创业产业的成型×供给资源”方面数值较高，这表明一线城市地区更重视人才培养和创造机会，东部地区更重视供给资源；其他地区和西部地区则在产业成型层次和思维酝酿层次的投入相对更多。各地区高校创新创业政策的高频词汇云佐证了这一研究结论（如图 1–5），一线城市地区排名首位的词频为“培养”，彰显对人才培养的重视；东部地区排名首位的词频为“教学”，突出表现为对创新创业教育资源的帮扶政策；其他地区和西部地区的“项目”频次最高，意味着该类地区对具体帮扶项目的依赖程度较大。

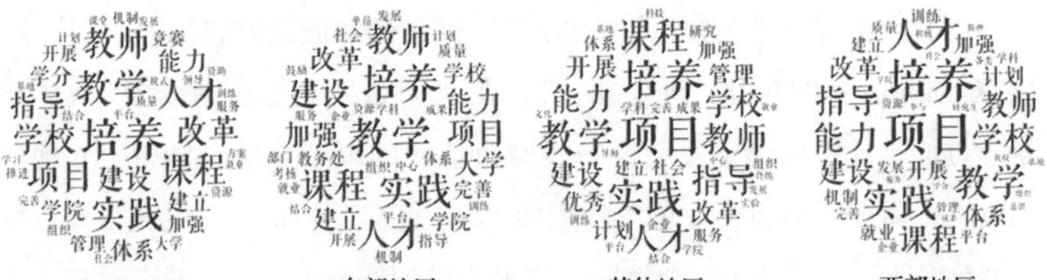

一线城市地区
高频词汇云

东部地区
高频词汇云

其他地区
高频词汇云

西部地区
高频词汇云

图 1–5　各地区高频词汇云图

（2）政策文本高频词汇云对比分析过程

通过对政策文本高频词汇云对比分析发现，有关高校创新创业教育政策文本主要呈现出以下特点：

第一，教育部的高校大学生创新创业类的文件在中央一级政策文件中占多数，更加重视就业等社会现实问题，国务院的该类文件更多是对高校提出的要求，人力资源和社会保障部门更重视服务和培训（如图 1–6）。

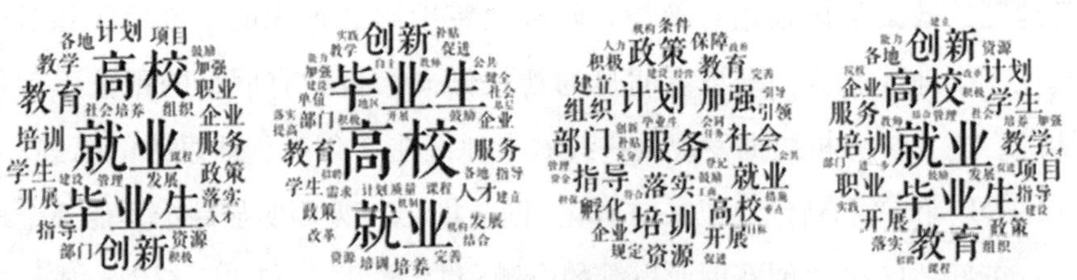

中央文件全部
高频关键词标签云

中央文件（国务院）
高频关键词标签云

中央文件（人力资源与社会保障部）高频关键词标签云

中央文件（教育部）
高频关键词标签云

图 1–6　中央一级文件高频词标签云对比

第二，从中央到地方的关注重点：就业、创新和教育，呈现越来越具体的趋势（如图 1–7）。

中央文件全部高频关键词标签云　地方文件全部高频关键词标签云　高校全部高频关键词标签云

图 1–7　三级政策文件高频词对比

第三，双一流高校和双一流学科高校的创新创业政策都更加依托教育育人和人才培养本身，普通高校更多依托项目进行实践创新创业（如图1–8）。

双一流高校高频关键词标签云　双一流学科高校高频关键词标签云　普通高校高频关键词标签云

图 1–8　不同层次高校的政策文件高频词对比

第四，不同类型高校的创新创业政策模式大体相近，文科类高校的创新创业难以单单依托学科知识创业，更强调项目在此过程中的载体作用（如图 1–9）。

综合类高校高频关键词标签云　理工类高校高频关键词标签云　文科类高校高频关键词标签云

图 1–9　不同类型高校的政策文件高频词对比

4. 政策主要规定及其发展演变

以起点性意义标志性事件为重要考察点，提炼各时期的关键性特征，将我国大学生创新创业政策的沿革历程划分为："以点带线"的初步探索阶段、"以线带面"的全面推进阶段、"以面带体"的重点落实阶段（见表 1-5）。

表 1-5　不同发展阶段政策特征

沿革阶段	"以点带线"的初步探索阶段（1998—2005 年）	"以线带面"的全面推进阶段（2006—2013 年）	"以面带体"的重点落实阶段（2014—2019 年）
标志性事件	清华大学举办了首届清华创业计划大赛	党的"十七大"提出"提高自主创新能力，建设创新型国家"和"以创业带动就业"发展战略	李克强总理于达沃斯论坛首次发出"双创"的号召；李克强总理在考察吉林大学时勉励学子"边学习边创业"
发布主体	较为单一	趋向多元	较为多元
关键表述	营造创业气氛	规范扶持方式	细化具体措施

如图 1-10 所示，将政策文本对标双维理论框架发现：自 1998 年至今，各维度的总体情况占整体的比例较均匀，均处于 27.1%~38.8%。然而，各维度细分指标间存在显著的密度差异，内部指标比例分布不均匀的状态，说明不同层次间各要素的政策关注点和注意力倾向存在差异。具体来讲：一是在创新创业思维的酝酿层次，国家政策更重视人才的培养，人才是第一资源。二是在创新创业成果的孵化层次，国家政策重点加大了供给资源的力度，旨在为前期培养的创新人才提供更多物质支持，进而帮助大学生抓住机会、落实创意。三是在创新创业产业的成型阶段，机会创造更为关键，提升创业项目与社会资源的关联度、提供"一站式"服务等方式，加快大学生初创企业的发展与成型。

根据高校大学生创新创业政策文本分析，以双维理论为框架，重点探究三个沿革阶段的独特性特征。

创新链维度	“创造机会”在创新过程中占比37%	“供给资源”在创新过程中占比30.3%	“人才培养”在创新过程中占比32.7%	
创新创业产业的成型	[2-009-2] [2-009-4] [2-012-3] [2-015-1] [2-016-1] [3-017-3] [3-017-5] [3-018-3] [3-018-4] [3-018-7] [3-020-1] [3-024-7] [3-025-6] [3-028-1] [3-031-1] [2-029-2] [3-033-3] [2-031-4]	[2-015-1] [3-017-1] [3-017-2] [3-024-2] [3-024-6] [3-028-2] [3-028-5]	[2-010-1] [3-028-2]	创新创业产业的成型在创新链中占比27.1%
创新创业成果的孵化	[2-009-3] [2-012-3] [2-015-3] [3-025-3] [3-028-5] [3-031-2] [3-030-3]	[1-004-2] [1-005-1] [1-006-3] [2-007-1] [2-008-1] [2-008-2] [2-010-4] [2-010-5] [2-011-2] [2-011-3] [2-012-1] [2-013-2] [3-018-6] [3-021-1] [3-022-1] [3-024-3] [3-024-4] [3-024-5] [3-025-2] [3-025-7] [3-029-3] [3-032-1] [2-012-1]	[2-007-2] [2-007-3] [3-018-2] [3-019-1] [3-020-2] [3-025-5]	创新创业成果的孵化在创新链中占比34.1%
创新创业思维的酝酿	[1-001-1] [1-002-1] [1-003-1] [1-004-1] [1-006-2] [3-018-6] [3-018-5] [3-017-4] [3-024-1] [3-023-2] [3-033-2] [3-028-3]	[2-012-1][2-012-4]	[1-004-3] [1-005-2] [1-006-1] [2-007-4] [2-009-1] [2-009-5] [2-010-2] [2-010-3] [2-011-1] [2-012-2] [2-012-5] [2-012-6] [2-012-7] [2-013-1] [2-013-4] [2-013-5] [2-013-6] [2-014-1] [2-014-2] [3-018-1] [3-023-1] [3-025-1] [3-025-4] [3-029-1] [3-030-1] [3-031-2]	创新创业思维的酝酿在创新链中占比38 8%
	创造机会	供给资源	人才培养	

创业过程维度

＊注：编码规则按照（政策所属沿革阶段—政策编号—编码次序）。

图 1-10　大学生创新创业政策的双维框架编码

(1)“以点带线”的初步探索阶段（1998—2005 年）

我国大学生创新创业政策的初探阶段，是由“个别高校”到“多所院校”的拓展过程，是社会创业氛围的营造过程。1996 年我国正式取消了大学毕业生包分配制度，并随之于 1999 年开启高等学校扩招，岗位稀缺与毕业生增多打破了原有的平衡。此后我国鼓励大学生双创的政策相继颁布。如图 1-11 所示，该阶段编码密度低，集中为创新创业思维的酝酿层次（占比 72. 8%），体现为创造机会和人才培养方面。创新创业成果的孵化更加注重资源的供给（占比 27. 2%），该阶段还未涉及创新创业产业的成型层次的支持政策。

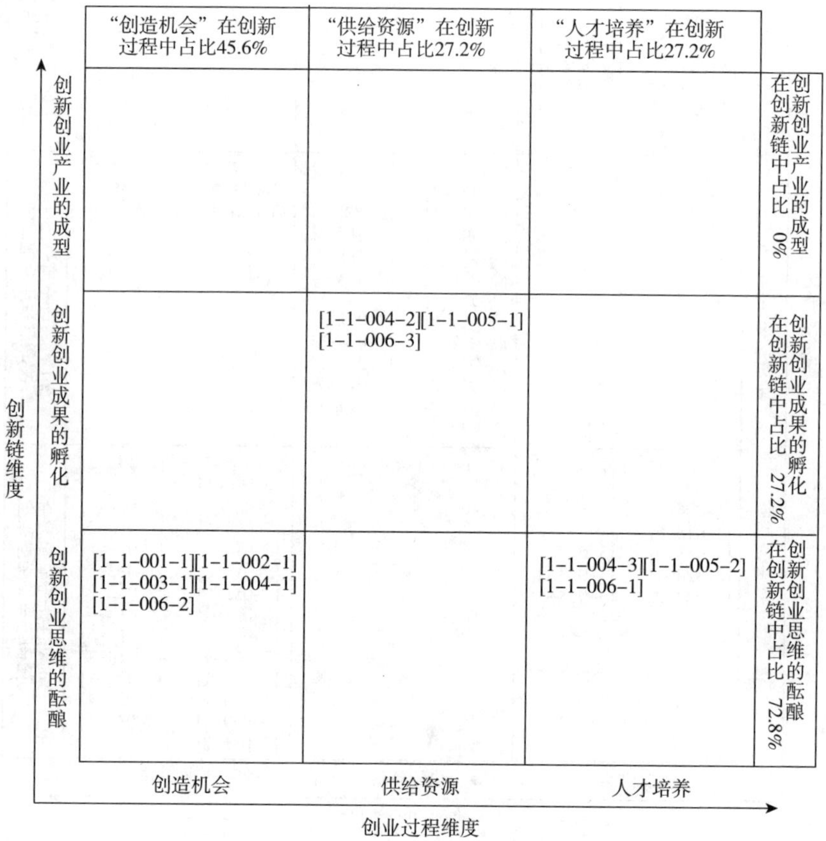

图 1-11　初步探索阶段的双维框架编码

1998 年清华大学举办了首届创业计划大赛，共青团中央等部门联合举办“挑战杯”大学生创新创业大赛，这是高校创新创业大赛开展的尝试性开端，由个别高校牵头开展的双创活动正式开启序章。教育部《关于进一步做好 1999 年普通高等学校毕业生就业工作的通知》明确指出“鼓励和支持毕业生到非国有制单位就业或自主创业”。此后，我国关于促进高等院校毕业生创新创业的政策体系不断实现递推式完善，这些政策的提出为大学生创新创业提供了坚实的制度性保障，不仅营造出创新创业的积极氛围，而且为创业教育改革方向和大学生自主创新成才路提供了规划和指引。2002 年，教育部规定了九所创业教育试点院校，这是创业教育在试点学校内的首次大范围推广，并随之开办了“教育部创业教育骨干教师培训班”，对该领域内教育骨干教师的基础素养和创新素养进行培育。2005 年《关于引导和鼓励高校毕业生面向基层就业的意见》部署了一系列双创优惠政策，开辟财政和社会两条渠道，多通道筹集“高校毕业生创业资金”，解决融资难问题，并提供创业咨询服务，解答有关创业的疑难问题。在政策指引下，“以点带线”式掀起了高等教育领域的创新创业浪潮。

（2）“以线带面”的全面推进阶段（2006—2013 年）

在全面推进阶段，政策内涵由渲染创业气氛这一狭窄的线性视角延展至更多方面，拓展扶持方式，实现了“以线带面”的转变。2006 年十四部门对高校毕业生的就业工作指示中，进一步详细规定了对高校毕业生自主创业的扶持方法和力度。次年，党的十七大提出“提高自主创新能力，建设创新型国家”和“以创业带动就业”发展战略。此后，大学生创新创业政策由初步探索发展为全面推进。如图 1-12 所示，政策注意力集中于酝酿阶段的人才培养（占比 48.7%）、孵化阶段的供给资源（占比 30.8%）、成型阶段的创造机会（占比 20.5%），此阶段政策编码的覆盖面较广且与整体编码的分布情况大致相同。

教育部等十四个部门联合发布的《关于切实做好 2006 年普通高等学校毕业生就业工作的通知》中指出，我国高校毕业生整体规模再创新高，应进一步加快自主创业政策扶持措施的落实，不仅要从人才培育的角度出发，同时还要加大咨询服务、资金支持、贷款利息承担和社会保障等方面的政策扶持力度。在未来高校大学生就业工作通知中，都应基于当年毕业生就业情况以及对大学生创业工作情况进行专门部署，内容不仅包括鼓励企业融入基地建设、“一站式”服务平台的开通，还应涉及大学生创业基金及补助的设立等宏观层面，创业课程学分制、帮助大学生创业人员落户等微观措施。2010 年，《教育部关于大力推进高等学校创新创

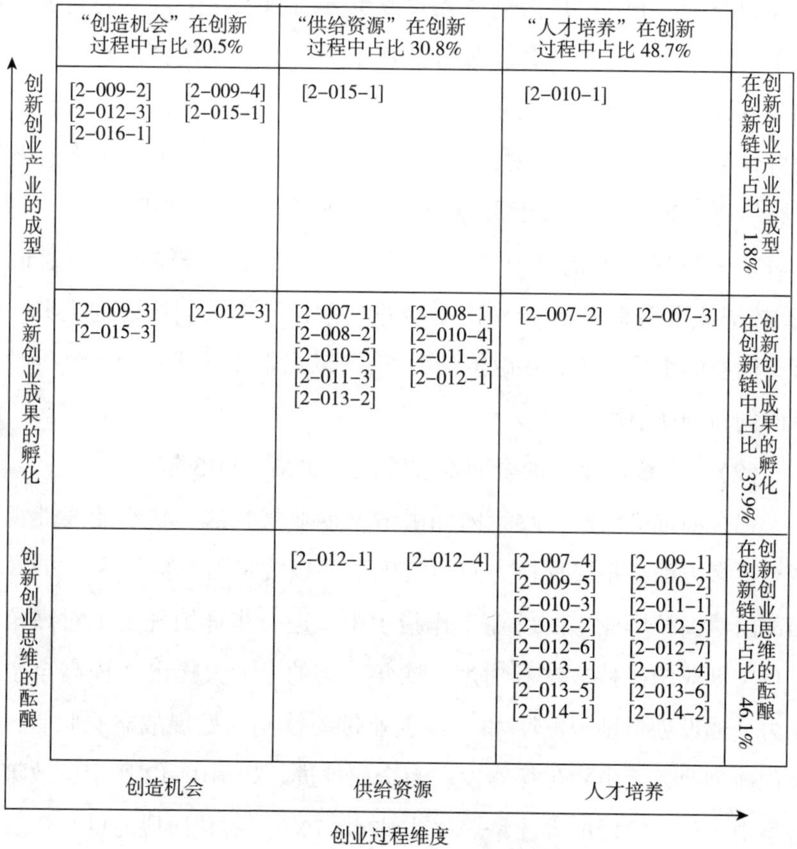

图 1-12　全面推进阶段的双维框架编码

业教育和大学生自主创业工作的意见》（以下简称《意见》）出台，《意见》详细规定了创新创业人才的培养，具体包括创新创业课程体系的改革、师资力量及队伍建设、理论与经验的交流，以及理论教材研究开发与质量追踪体系的建立。这是我国首份对创新创业领域进行专门规定的政策，其面向对象为大学生群体，对未来大学生创新创业政策的制定以及活动的开办都具有一定的方向性指引作用。同一年度，人社部出台《关于实施大学生创业引领计划的通知》，通过创业拉动就业为起点，有序推进大学生的创业实训，为大学生创业提供孵化及指导服务，并通过相关具体细则的制定来保障政策的落地实施。2012 年，教育部办公厅印发《普通本科学校创业教育教学基本要求（试行）》，结合教育教学各构成要素和创业教育特质，撰写了“创业基础”教学大纲范本，进一步规范高校特色化和专业化创新创业活动。

（3）“以面带体”的重点落实阶段（2014—2019 年）

我国大学生创新创业政策的重点落实阶段是全面推进阶段的延展与深化，不仅做到了扶持政策的面面俱到，而且还以此为基准，找重点、细措施、拓范围，进一步带动地方和高校的相关政策制定，使政策体系更为立体。2014 年，李克强总理于达沃斯论坛首次发出“双创”号召，为凸显双创在当前经济形势下的重要价值导向作用，吸引更多来自社会多元主体的关注，将原通知“关于做好普通高等学校毕业生‘就业’工作的通知”，正式更名为“关于做好普通高等学校毕业生‘就业创业’工作的通知”，政策名称中“创业”二字的加入足以体现其重视程度的加深。2015 年“双创”被写入《政府工作报告》，同年，李克强总理在考察吉林大学时勉励学子“边学习边创业”。在中央政策的大力提倡和引导下，地方和高校层面积极颁布相应支持政策，该阶段政策的针对性和落地性较之前大幅增强，我国大学生创新创业政策进入重点落实阶段。如图1-13所示，该阶段政策更加侧重创新创业产业的成型层次（占比 43.8%）和创造机会方面（占比 52.1%），体现出近年来我国大学生创新创业政策的重点突破态势。

2014 年《关于做好 2014 年全国普通高等学校毕业生就业创业工作的通知》规范大学生创业就业重要事项，包括创新创业档案归属地、可贷款数额以及免征税企业资格等。同年，国家人社部等九部门联合发布《关于实施大学生创业引领计划的通知》，为发挥不同部门领域的优势条件作出了进一步的指示。一方面，通过多方资源完善创业教育以及创业培训程序的支持，无论是课堂上的课程教学，还是课堂外的创业专业实践，都吸纳多元社会力量参与；另一方面，以天使投资以及创业投资基金的设立，为创业启动金提供经费来源，重点于创业初期支持大学生创业网络的建立和创业项目的开展。2015 年，国家人力资源社会保障部出台《关于做好 2015 年全国高校毕业生就业创业工作的通知》，对公共服务机构和市场主体合作机制的建立提出了更高的要求，并强调要充分整合利用现有社会资源。同一年度，国务院办公厅对众创空间发展和高校创新创业教育改革作出细致规范，通过对上述三方面的明确规定，全国省级单位和自治区依照政策精神和旨意，在结合地方实际情况基础上，都制定了适用性强的下位规章政策。此外，在《关于深化高等学校创新创业教育改革的实施意见》颁布后，全国高校也基于自身办学类型和发展定位，以实事求是为原则，制定了符合本校特色和实际情况的政策文件。由此，大学生的创新创业政策已逐步形成由中央至地方再到高校的立体化政策体系。

创新链维度 \ 创业过程维度	创造机会 "创造机会"在创新过程中占比 52.1%	供给资源 "供给资源"在创新过程中占比 22.9%	人才培养 "人才培养"在创新过程中占比 43.8%	
创新创业产业的成型	[3-017-3] [3-017-5] [3-018-3] [2-018-4] [3-018-7] [3-020-1] [3-024-7] [3-025-6] [3-028-1] [3-028-4] [3-029-2] [3-031-1] [3-031-4] [3-033-3]	[3-017-1] [3-017-2] [3-024-2] [3-024-6] [3-028-2] [3-028-5]	[3-028-2]	创新创业产业的成型在创新链中占比 43.8%
创新创业成果的孵化	[3-025-3] [2-028-5] [3-031-2] [3-030-3]	[3-018-6] [3-021-1] [2-022-1] [3-024-3] [3-024-4] [3-024-5] [3-025-2] [3-025-7] [3-029-3] [3-032-1]	[3-018-2] [3-019-1] [3-020-2] [3-025-5]	创新创业成果的孵化在创新链中占比 27%
创新创业思维的酝酿	[3-018-6] [3-017-4] [3-018-5] [3-023-2] [3-024-1] [3-028-3] [3-033-2] [3-028-3]		[3-018-1] [3-023-1] [3-025-1] [3-025-4] [3-029-1] [3-030-1] [3-031-2]	创新创业思维的酝酿在创新链中占比 29.2%

图 1-13　重点落实阶段的双维框架编码

四、我国高校创新创业教育政策的价值评价

我国大学生创新创业政策发展至今已初步形成连贯性体系。从历史沿革脉络来说，我国大学生创新创业是由个别高校拓展为多个高校及社会行为的活动，在初步探索阶段其政策发布频率低、政策内容欠缺针对性、政策措施不具体。政策推进的初期也是依据反馈信息不断细化政策的阶段，虽然在深度方面有待持续完善，但提升了大学生创新创业政策的覆盖广度，构建了良好的创业氛围，进而让高校大学生敢于创业。进入全面推进阶段之后，大学生创新创业政策的发布频率较之前更为频繁，发布主体趋于多元，效力部门更加广泛、政策内容更成体系。但就政策层级来说，政策以中央层面为主，而地方和高校政策的同步性低，欠缺由上而下的贯通性，致使中央下达的政策指示难以及时落实。重点落实阶段弥补上述阶段中出现的种种问题，政策体系由扁平式政策部署发展为立体式政策体系，“由面带体”的转变提升了政策的覆盖度和落地性。多部门与各地区、高校的共同参与使大学生创新创业活动不仅可以调动社会各界力量，也能够覆盖各个地区，并深入高校内部。例如，在政策初步探索阶段提出要对有贷款需求的大学生提供贴息补贴，在全面推进阶段对从事微利项目毕业生的贷款利息进行明确规定，要求财政承担50%，进入重点落实阶段后，关于贴息补贴的政策进一步在各省市自治区落地。这种动态调整、层层递进的发展历程体现出政策的适用性、连贯性和发展性特质。实践表明，我国高校日趋健全的创新创业教育政策体系，为大学生创新创业实践提供了良好的创业生态环境，为就业质量和教育质量的不断提升提供了制度性保障，为打造“双创”升级版，实现创业教育和创业实践纵深化和精细化发展，起到积极的规范、引领和保障作用。

第二章

Chapter 2

实施状况：我国高校创新创业教育的实践发展状况

民族的进步，科技的发展，以及国家的复兴与富强都离不开创新。创新创业教育是提升创新能力的重要方式，创新创业大赛作为人才培养的重要载体和平台，共同提高高等教育人才的综合素质。2015 年 5 月，《国务院办公厅关于深化高等学校创新创业教育改革的实施意见》中对人才培养的质量标准进行了明确的规定，并从体制建立、课程改革、教学方法、考核方式以及实践的角度分别予以强调，从而推动创新创业教育改革。教育部为落实党中央以及国务院在高校创新创业教育改革上的决策和部署，也出台了一系列举措，并取得了显著成效，具体措施包括“建基地、办大赛、强实践”等。遵循政策评估的“实践—反思”路径：即从我国高校创新创业教育政策的实施现状出发找到其存在的问题，在全面把握我国高校创新创业教育的实践状况和发展水平的基础上，聚焦实际问题和关键要素，将有利于我们从实践出发，提出对深化我国高校创新创业教育改革具有建设性和实效性的对策建议。

一、我国高校创新创业教育的基础理论

创新创业教育的本质是教育，因此具有教育的基本特征，即教学理

念与模式，但是从创新创业教育的来源上分析，创新创业是根据我国经济社会大变革、产业结构调整与创新型国家建设的需求发展起来的。创新创业教育主要由高等学校进行开设，因此，加快推进高校创新创业教育体制改革在国家发展、经济转型以及人才培养方面均具有重要的意义。

（一）创新创业教育的本质属性

1. 创新教育概念界定

关于创新教育，学术界不同专家学者有不同的解析。在1999年举行的全国首届“创新教育研究与实验”学术研讨会上，不同的专家学者从不同的角度对创新教育的概念提出了不同的看法。阎立钦教授认为“创新教育”的新内涵是指突破人的创新精神和创新能力；从教育的属性角度分析，赵希凤教授认为创新教育在全面素质教育的范畴之内，它与公众普遍认识的全面素质教育的区别在于创新教育是在现代素质耦合理论指导下，借助创新理论，实现对学生创业意识、精神以及能力方面的培养，具有其特殊性质的综合素质教育。综合两者的观点可以将“创新教育”理解为：创新教育训练的是创业者的创新意识、精神、思维、能力的综合，创造力或创新性格以及一系列“以人为本”“一切为人的发展”的教育活动，并且这种教育活动需要以现代素质教育理论为基础展开。此外，也有其他学者用间接表达的方式来解释创新教育，首先选择一种参照物，再基于比较最终得出创新教育属于新型教育的结论。这类学者选择的参照物是传统教育。其认为传统教育主要围绕继承来展开教学活动，教师和学生之间就是传授知识和接受知识的关系，在这个过程里，教师的地位毋庸置疑，书本就是知识的唯一标准，学生的任务就是认真学习，将复制的知识表达在试卷上，最终将试卷的分数作为学生学习的检验标准，即典型的应试教育。基于对比，提出“创新教育”是一种新型的教育形式。综上可见，创新教育就是以培养富有创新精神的创新型人才为目标，通过融合创业的自有特点而发展起来的一种活动。创新人才包括创业人才的创新精神，以及用于创业所需要的创新能力。创新精神的组成包括创业者最初基于自身诉求形成的创业意识，以及根据自我品质延伸发展而来的创业品质；创新能力共包含三个维度，分别为对创新的感知能力，对创新进行思考的思维能力，以及能够将创新拓展和转化的想象能力。从创新精神和创业能力之间的关系来看，创新精神支撑创业能力的发展，创业能力的形成来源于创新精神；相反地，创业能力反哺于创新精神，激励创新精神的延伸。创业教育首先培养的是创业者的创新精神，其次才是创业能力，通过全方位综合培养使得创业者的综合素质得到全面提高。创新精神和创业能力主要生成过程不仅受到遗传因素的影响，更重要的是来自外界的培训与教育。而创新教育的培养过程也应该是个积极的培养过程，需要以培训和教育为目的，引导学生积极主动地探索，充分发挥其主观能动性，进而培养大学生创业者的独立思考能力，深入学习能力、大胆探索能力以及勇于创新能力。通过一系列的创业课程教育，不断提高大学生的创业意识、创新精神以及创业能力。

2. 创业教育概念界定

20 世纪 80 年代末，“21 世纪国际教育大会”诞生了一个新概念：“enterprise education”，即“创业教育”。创业教育是培养学生的知识和技能，实现学生在思想上突破自我，达到创办企业资格的教育活动。细化而论，创业教育就是教授学生学会自己动手创业、自身具备职业技能而不畏惧现实世界激烈的就业压力，以实现具有自我就业能力的教学活动。培养大学生具有创业的基本素质即为创业教育的出发点，以此培养大学生在生存、发展和创新方面获得应有的品质。联合国教科文组织于 1995 年发布的《高等教育改革与发展政策文件》认为，创业教育是能够根据现实情况灵活缓解就业压力并能提供新职业，针对大学毕业生的教育。从这里可以看出，创业教育首先包含了“缓解就业压力”和“提供新职业”两个方面。联合国教科文组织曾指出：绝大部分大学生在毕业后的走向为选择就业，为了使他们在毕业后能得到好的归宿，不陷入找不到工作的困境中，在接受大学教育期间，学校应主要培养学生创业的技能，并调动他们对创业的意愿和激发他们的热情，如此一来，毕业生的就业将不仅限于寻找工作，他们也可以为自己和他人提供工作。创业教育从三个方面环环相扣体现价值：创业教育可以带给学生硬技能，丰富学生关于创业所必需的实施体系；通过创业教育，学生可以具备成为一名企业家应该具有的素质，并在接受教育期间就有意向今后要成为企业家，成为开拓创新的人才；创业教育可以教会有能力的学生更好地应对就业选择道路并使他们能自己创业。

3. 创新教育与创业教育的关系

创新教育与创业教育是既相近又有区别的两个概念。需要在“双创”教育的语境下深刻理解其相互关系并实现教育融合。

（1）培养目标趋同

创新教育本质上是素质教育，同素质教育的培养目标一致，创业教育是培养德智体美劳能够全面发展的高素质人才。重视培养具备创新精神和实践能力的人才是其重要的培养目标之一。与之相应，创业教育也具备对所培养的人才的创新精神以及创业能力进行培养和考核的功能。因此，创新教育和创业教育具有人才培养的目标一致性，即开发和培养创新创业素质和能力，以培养拔尖创新人才为目标，提高大学生创新创业精神与能力，促进大学生高质量就业与高层次发展。

（2）创新特性一致

创新创业精神主要包括三个方面，分别为创新的意识、思维以及品质。创新意识的本质是一种动机，是人们结合社会的变革，根据自身发展需求萌生出的创造新生事物的想法。创业意识的具象形式表现为在创造活动中创业者表现的心理愿望和基础构想。创新思维是创造力的核心，创造性思维的培养和训练就是使学生的思维创新力不断增强，促进学生在思维的发散力、想象力、逻辑推理能力和思维本能上的不断进步。创新品质是指创新主体素质稳定的特征，其中包含勇气、独立、探索、敢于提出不同的见解和精益求精。塑造创新品质是培养创新精神的重要组成部分。创新主体人格特征的品质差异在一定程度上决定了创新成果的规模和质量。因此，创新教育和创业教育在对受教育者创新特性的培养上是一致的，均是为了切实提高人才培养质量，最终使受教育者拥有一定创新品质和创业能力的教育体系。

（3）教育功能相近

创新教育与创业教育在功能上，均是依托于现代高等教育模式，通过结合社会发展需要，引导师生不断更新和升华教育观念，通过教育的方式不断促使学生的全面发展。面对知识经济和创新驱动发展的新形势与新挑战，创新创业教育不仅仅是对教育方法或者教育内容更新这么简单，而是对教育功能的全面深刻的重新审视。它是一项全球性的结构性教育创新以及教育的革命。创新性必须植根于教育理念、教育内容、教育方式，其最终归宿必然是创新。必须以人才培养为中心任务，围绕人才培养的目标，从道德、知识、技能等多方面着手，实现人才培养质量的提升，造就德才兼备的有为人才。同时，坚持党的领导，发挥教育为人民服务的目标，发挥教育对创新驱动的战略的发展作用。通过创业教育的方式，以能力培养根本任务，培养各类卓越人才和高精智库。

（二）创新创业教育的基本原则

创新创业教育的对象必须要包含全体学生，且贯穿人才培养全过程。首先，要改变教育思想，不断更新教育观念，并以此为指导对学生进行培养。其次，要以人才综合能力提升为核心，辅助责任培养、意识强化、精神创造、能力提高。最后，通过开设创新创业课程，并不断完善课程体系构建，在培养人才的同时加快高等学校创新创业教育改革。因此，创新创业教育应具备以下基本原则：

1. 全面性原则

创新创业教育的首要特征是系统性，创新创业教育不能割裂开去分析，而是应该考虑其中整体性和联动性。因此，高校创新创业教育必须坚持全面性原则，充分考虑各主体之间的联系。即高校在开展创新创业教育的过程中，应当将构成创新质量的所有要素相互统一，充分考虑其内在关联，不仅强调体制建设，更要强调机制建设，强调发展的互联互通，从而不断提高创新质量。创新质量包含四个因素：创新意识、创新思维、创新个性以及创新能力。其中，创新意识是所有创新活动的知识和实践的基础，创新思维是创新活动的实际体现，它使人们能够创新并善于创新；创新个性是创新发展的动力和方向保证；创新能力是创新质量的最终体现。创新能力把所有潜在的创新变成了客观现实，是创新过程中的完成系统。

2. 主观性原则

在马克思主义哲学的概念里，人类的主观能动性是一切认识的来源。指的是人类作为对象互动中的活跃主体的功能特征。它表现为独立自主和创造力。应该说，人类的创造力与人类的主观性息息相关。教育对人类发展乃至社会发展的贡献程度主要取决于其对人的主观性的培养程度。王策三教授指出，培养具有主体性的人是教育的重要体现和根本体现。主体性作为人发展的特征之一，综合了一个人的所有优良品质和个性特征，是对身体、心理或道德的全面表达。创造力的特征在于探索和寻求差异。它是个人主观性的最高表达和最高水平，是人类主观性的灵魂。它包括两个含义：一是对外部事物的超越，二是超越自我。创造力不仅是个人主观性的衡量标准，而且是社会文明的标志。但是，长期以来，中国的传统教育受到“教育非主体哲学”的影响，受教育者往往是被动的、追随的甚至于是服从的，致使其创造力不断在应试教育的桎梏中被消磨。因此，创新创业教育必须遵守主观性原则，不仅要注重整体性的全面培养，而且要注意人格的发展，尤其是创造性人格的培养。

3. 实践性原则

人的本质是实践的存在，人类生存需要实践作为支撑。马克思主义哲学将实践视为万物和现实的基础，以及人类的“原始”生活存在和活动方式。实践是检验真理的唯一标准。有实践才有创新，在实践中人们可以不断发现并解决问题。长期以来，一切新的创造和新成果的产生，无一不是通过实践来产生和在实践中检验的。实践是创新的基础，创新思维产生的观点、方案、计划只有在实践中才能得到检验，才能产生更多的精神和物质财富，创新思维才能在实践中不断更新和完善。有实践，人才能获得成长。关于传统的学校教育，杜威对此提出质疑，认为教育不仅是知识的教授过程，而更需要实践的参与，进而提出了“做中学”的著名思想。他认为，传统的教学模式根本形式是“默听”，其一切活动的根本形式均为此服务，而关于儿童活动的机会和场所相对较少，这势必会阻碍儿童的自然成长。中国的传统教育过于注重知识的传承，但却对实践关注不够，这会导致在培养学生的创新精神和能力的过程中出现“根基不稳”的问题。这要求我们必须坚持实践性原则，在创业教育过程中需要紧密结合思想政治教育与专业教育，在创新和创业教育模式上紧密结合课堂教学和实践训练，从纵向的角度努力推动创新创业工作的开展和新局面的开辟。

4. 协同性原则

创新创业教育是系统性工程，影响因素复杂且多变。对于大学生来说，从萌生创业意识到巩固创业意识、培养创业素质、学习创业技能直至最后投入创业实践的这一过程的基本特征是长效性与复杂性。并且创新意识和创业素质通常以内化的形式存在，创业意识是否与创业行为直接产生正相关的关系，通常难以判断和衡量。此外，由于创新创业的成果一般具有相对的隐蔽性和滞后性，对创业教育效果的评价具有多样性和复杂性，很难一目了然地看到创新创业教育效果。可以说，高校创新创业教育是覆盖全部的、面向实践的、复杂多样的综合系统。创新创业教育仅凭在校学习和实践训练是远远不够的，还需要社会历练和实战经验。这就需要政府发挥主导作用，需要团结和协调学校教育、家庭教育、社会教育三者之间的相互作用，促使三者之间紧密合作，形成良好的学校环境、家庭氛围、社会风气，共同构建协同机制，共同搭建资源网络平台，从而巩固创新创业教育育人成果。通过高校与各部门之间协同合作，共同提高产学研融合创新，不断提高人才培养质量。

二、我国高校创新创业教育的主要任务

创新创业教育是建立在具有基本创业素养和开创个性的人才培养基

础上，着重对创业意识、精神和创业技能进行培养。从个体发展来看，它能够帮助大学生在跨出象牙塔之后拓宽就业创业路径，更快适应社会发展，以更从容的姿态融入知识经济发展浪潮。从时代发展来看，它是我国教育领域落实“创新型国家”发展战略的迫切要求。大学生群体是富有创新潜力的一座巨大的宝库，高校是这座宝库的管理者，创新创业教育的开展是通过教育的作用鼓励学生自主创业，其目的不仅是为毕业生就业而服务，还能助推高等教育改革，为我国社会提供巨大的发展潜力，从而为实现建设创新型国家的目标而服务。[①] 落实国家战略部署，我国高等教育领域主要围绕以下方面大力推进创新创业教育。

（一）以教育思想转变和观念更新为先导，培育创新创业人才

美国麻省理工学院教授彼得·圣吉曾指出，当前，教育变革正悄然地在全球各个国家进行。身处其中的我们，更要积极探索新的方式和方法，深入思考未来学校可能发生的变革，以适应未来教育的发展。塑造新的教育生态系统，协同式地培养系统性的思维方式的变革，以及社交能力和情绪管理能力，将之转化为自身的能力和力量，进而能从整体性的角度面对时代与新理念的变革。[②]

1. 培育创新创业教育生态系统

创新创业教育系统的复杂性体现在参与主体的多样性和信息交换的复杂性。随着创新创业教育活动的不断开展和深入，其涉及的参与主体也愈加多样化，形成了复杂多样的生态大系统，这其中包括政府、高校、企业、社区、家庭、学生等多个子系统。这些系统之间相互作用，构成了创新和创业教育活动的主要力量。在大系统的背景下，各个子系统之间相互独立又彼此联系，时刻进行着信息的传递、物质的交互、资源的互补。创新创业生态系统的特征表现在开放性、循环性、更新性、永动

① 《教育部关于大力推进高等学校创新创业教育和大学生自主创业工作的意见》（教办［2010］3号）.

② 彼得·圣吉. 让我们一起去塑造新的教育生态系统，经济参考报，http：//jjckb.xinhuanet.com/2017-10/25/c_ 136704193.htm.

性、整体性。

政府是国家的统治和社会管理机关，而教育行政部门作为一个组织，其基本职责是领导和管理全国各级教育事业。这些是国家发展与人才培养之间沟通的桥梁，制定的教育政策和方针是国家战略目标在教育层面上的集中反映。政府在指引教育发展方向的同时也发挥着提供资金技术支持、建立良好舆论导向、完善相关服务体系等职能，为高校大学生创新创业教育活动创造全方位的外部环境。高校是创新创业教育生态系统的主干力量和实际践行者，承担着具体的创新型人才培养重任，高校通过创新创业课程的制定、师资力量和设备投入、创新创业平台搭建，对创新创业教育培训体系起着至关重要的作用。企业有着比高校更为直接的创新前沿性，企业和高校的结合使得创新创业教育活动更具实效价值，企业能为高校搭建更为专业的创新创业平台并提供相关实习岗位，同时学校能为企业培养具备创新意识和素养的人才队伍，帮助企业突破自身的局限，创造更多适应市场需求的新体系、新措施，在激烈的市场竞争中抢占先机。社区和家庭作为社会的细胞而影响着学生的创新思维和人格发展，家庭要从小鼓励孩子培养知识探索、独立自主、终身教育的学习理念，对学生的创新启蒙起着非常重要的作用。学生是创新创业教育活动的最终落脚点，学生创新素养和技能的养成是评价创新创业教育活动的核心指标。

从高校的角度出发，结合创新的其余两个主体，即企业与科研院所，从校内外的角度，共同搭建创新创业教育生态系统综合平台，该系统包含校内、校外各方共同作用。具体而言，包括对创业理念的更新，对创业教育原则的明确，对创新创业技能的提高，对培养运行模式的优化。同时从课程体系构建，教师团队构建，教学体系构建和生态系统构建的角度进行分析，形成新的创业教育生态系统，以此来实现创新创业教育的改革。[①]

2. 培养高质量创新创业型人才

彼得·德鲁克（Peter Drucker）在《创新与企业家精神》对创业做出

① 张倩，邬丽群. 基于协同培养的高校创新创业教育生态系统的构建［J］，民族高等教育研究，2015（4）：30.

如下解释：早期研究认为创业者具有与生俱来的属性。创业者的特征、认知、动机和情感是其中的核心要素。与创业研究关注微观个体相对应，创业实践也多从个人英雄主义的角度看待创业者，从而给创业行为披上了一层神秘的面纱。随着创业环境和创业行为日趋复杂，创业从单一的微观主体，逐渐演变成为多元素配合的概念。裴立芳教授（2010）认为创业精神不是创业者的一种个人特征，也不是一个时间点，而是一个高度动态过程，最终结果需要创业者和创业团队之间与随时可能会出现的机会、现有和待开发的资源、现实创业环境进行相互配合协作，因为只有当以上的四个要素达到良性互动和相互协调的要求时，才能降低甚至消灭创业失败率。因此，从我国实际出发，通过不断提升我国学生的社会责任感，深入对创业的认知，丰富对创业精神的培养以及强化对创业能力的提高，以此为核心，培养具备以下特征的创新创业型人才：

（1）理实融合推动问题系统解决。创业的过程是一个不断发现问题、界定问题和解决问题的过程。为了能够系统地解决问题，创业者必须能够不断突破勇气、知识和能力的边界，既不局限于传统思维又能沉稳实干，不仅能熟练掌握理论知识，并且能灵活运用于实践中。故而，不同于其他类型的创业教育，高校创业教育培育的人才更强调融合理论于创业实践之中，在解决问题的过程中与理论融会贯通。

（2）科教协同推动创新从无到有。高校创业教育所培养的创业人才，首先必须具备创新能力。依托和扎根于创新的土壤，高校创业教育天然具有创新的优势，反过来说，高校创业教育培养的人才不能摆脱生存式创业的困境，就不能轻易在竞争激烈的红海中站稳脚跟。故而，不同于其他类型的创业教育，高校创业教育培育的人才更强调集成创新元素，在创新的过程中推动项目实现从无到有。

（3）德才兼备强调社会责任担当。面对复杂的外部环境，创业型人才必须要能够担当创新的风险，能够有坚定不移追求社会价值的信念，以及为了实现信念而不断开拓的勇气和决心。因此，不同于其他类型的创业教育，高校创业教育培育的人才更强调时代的引领性和开拓性，在实现个人经济目标的同时更加强调创业的社会意义。

（二）以人才培养模式和课程体系为重点，深化高等教育改革

习近平强调，“形成高水平人才培养体系”是高校的“基础性工作”，高校必须抓好落实。我国高校人才培养模式改革驶入快车道。创新创业教育要以育人为根本，实现人的全面发展，这也正是其最根本的价值体现。首先，激励和引导学生自发地参与创新创业活动，引导和培养学生在思维方式上形成逻辑理性思维、批判性思维、创造性思维在内的思维习惯，形成敢于质疑和勇于创造的思考方法；以问题为导向，形成知识体系的自我构建过程，以需求为指向，指导学生拓展和运用知识，从而实现知识从接收到内化的过程，在知识学习中，培养大学生发现、寻找、运用以及创新知识的能力。其次，创新创业教育能够帮助学生不断提高自我认知和发展自我能力。通过各种平台，鼓励学生深入实践，将纸上之计转化为实际之事，不断地鼓励学生在失败中不甘放弃，在困难中不甘平庸，在创新中追求卓越的人生态度，以及在坚持和创造中逐步实现积极进取、坚持不懈、刻苦钻研、敢于质疑、精益求精的精神品质。最后，认识社会、体悟责任是创新创业教育中不可或缺的教育目标。从创业项目出发，不断提高认识社会的能力，加强大学生的责任意识，大到个人对国家、民族和社会的责任，小到个人对团队、项目的责任。

1. 改革高等教育人才培养模式

创新创业教育的主要任务在《国务院办公厅关于深化高等创新创业教育改革的实施意见》中已给出了明确规定：即改革人才培养模式包括两个方面，即完善人才培养质量标准以及创新人才培养机制。

（1）完善人才培养质量标准。要求各创新创业机构认真探索和执行国家本科专业教学质量标准，修订和实施职业院校和专业博士学位、硕士学位的基本教学要求，明确对不同类别的学生的创新创业教育目标要求，注意知识和能力的教学要求，分别制定标准。借鉴教育中存在的问题，创业教育也需要做出相应的改变，《教育部关于中央部门所属高校深

化教育教学改革的指导意见》（以下简称《意见》）中指出了教育理念、机制、内容、实践中存在的问题，重申了创业教育的重要性。《意见》强调了创新创业教育在人才培养中的重要地位，并将创新精神、创业意识，尤其是创新创业能力纳入人才培养质量的衡量指标中。《普通高等学校本科教育教学审核评估实施方案（2021—2025 年）》中，创新创业教育作为教育教学水平的二级指标纳入评价体系；同时，《“双一流”建设成效评价办法（试行）》中将创新创业教育纳入具体评价要求。由此可见，随着双创持续深入，创新创业教育已被全面纳入高校评价指标体系（如图 2-1，2-2）。

<table>
<tr><td>3.6 就业与创新创业教育</td><td>3.6.1 将创新创业教育贯穿人才培养全过程、融入专业教育的举措及成效
【可选】产学合作协同育人项目数
【可选】本科生参加各级各类创新创业实践活动人数及比例
【可选】“互联网+”大学生创新创业大赛获奖数
3.6.2 以高水平的科学研究提高学生创新创业能力的情况
【可选】本科生以第一作者/通讯作者在核心期刊发表的论文数及以第一作者获批国家发明专利数
3.6.3 开展大学生职业生涯规划教育的举措及成效</td></tr>
</table>

图 2-1 《普通高等学校本科教育教学审核评估实施方案（2021—2025 年）》第一类审核评估指标

<table>
<tr><td>2.6 创新创业教育</td><td>2.6.1 创新创业教育工作体系与创新创业教育平台建设情况
2.6.2 将创新创业教育贯穿人才培养全过程、融入专业教育的举措与成效
2.6.3 学生参与创新创业教育积极性及创新创业教育成果
【必选】本科生参加各级各类创新创业实践活动人数及比例
【必选】“互联网+”大学生创新创业大赛获奖数
【可选】省级以上学科竞赛获奖学生人数占学生总数的比例</td></tr>
</table>

图 2-2 《普通高等学校本科教育教学审核评估实施方案（2021—2025 年）》第二类审核评估指标

（2）创新人才培养机制。对创新人才的培养机制的探究主要包括三部分。一是供需连接制度，结合市场中产业人才的需求，从学科专业、供需匹配、退出办法上完善，结合企业需求，进行发展预测，从学科专业结构和创业就业两方面着手，共同构建人才培养类型结构调整新机制。二是计划管理机制，通过实施系列“卓越计划”以及广泛开展创新创业教育活动的方式，邀请各部门共同参与构建包括高校、企业、科研院所、国际合作的协同育人新机制。三是学科创新机制，以培养多维专业能力人才，尝试消除学科内部的界限，打通学科内部的基础课程；打破与学科之间的壁垒，开设跨学科和专业的交叉课程；打破院系之间的障碍，探索建立学院联合、学科联合以及专业联合的人才培养机制。打破以往的知识灌输式教育，通过启发式和探讨式的教育教学方式启迪学生独立思考、主动探索，授课教师要不断以国际前沿学术知识和最新研究成果及经验武装自身，在大数据发展背景下，根据不同学生的差异性学习需求有针对性地提供多样化教育资源。改革考核方式，在知识理解基础上更加重视学生知识运用和解决问题的能力培养，破除“高分低能”的弊端，推行学分积累和转换制度，切实解决理论学习与创业实践在时间上的冲突。注重学习与创业的冲突，推行学分积累和转换制度，放宽学习与创业的实践在时间上的冲突，通过提供休学创业和调整学业年限的方式充分鼓励大学生深入创业，保证学生拥有足够的时间参与创新创业。同时，开展大学生创新创业训练计划，结合国家级创新创业大赛，提高大学生创新创业质量。

2. 完善创新创业教育课程体系

加强创新创业教育课程体系建设。以培养全方位素质的人才为主，不仅考虑开设专业创新创业课程，同时考虑创新创业课程与其他课程相结合。如专业教育和文化素质教育，完善教学计划和学分体系，丰富创新创业教育课程开设广度，建立立体化的创新创业教育课程体系。

（1）调整专业设置。创新创业教育目标和人才的培养是重点高校要进行专业设置调整必须要遵循和参考的重要指标。结合创新创业目标，制订学科发展规划，在此过程中融入“创新强国”的战略思想，结合经济建设目标，以国家发展目标和办学定位为指导，结合优势学科，合理布局学科专业。对学科专业的结构不断进行优化，以创新创业教育为可行方式，积极设置以创新竞赛和创新需要为依托的急需相关专业，提高新型专业中创新的比例，适当缩减与学校办学定位不相符的专业。

（2）促进课程融合。突出高校特色学科。创新创业类课程的设置跟需要紧密结合特色学科，其中，最为重要的是创新创业的实践性，在学科发展的基础上开展创新活动，实现学科与创新创业教育的同向提高。保证专业教育和创新创业教育两者之间发展的协调性配比，合理调整必修课和选修课的比例设置、各门课程的学分管理、就业指导类型的相关讲座活动等。另外，随着远程教育的不断普及，学校可以制作一些质量优良的慕课资源和视频公开课的在线课程，创新创业教育也不断呈现出信息化的特点，资源逐渐实现最大限度的整合、利用和共享。

（三）以师资队伍和保障体系建设为抓手，强化创新创业实践

打造“双创”升级版，以创业带动高质量就业，必须加强师资队伍和保障体系建设，强化大学生创新创业教育面向实践延伸。

1. 加强创新创业师资队伍建设

教师是从事创新和企业家精神教育活动的计划者，所有地区及高校要充分认识到教师在创新创业教育活动中的地位和作用。

（1）建设专兼结合高素质教师队伍。对外将创业成功人士、企业家以及专家学者纳入企业导师制中，邀请他们举办讲座、分享经验、开授课程、指导实践。对内培养各专业教师、就业指导教师，壮大创业导师团队，在培训内容上，依托理论和案例研究，不断提高教师创新创业教育能力和指导教学能力。支持教师挂职锻炼，深入参与企业生产创新创业实践，为创新创业需求提供现实支撑。内外共同发力，从而建立一支专业导师和兼职导师共同教学的高素质创新创业教育教师队伍。

（2）提升教师创新创业教学能力。通过定期组织教师培训，鼓励交流与创新的方式，不断提高教师的创业教学能力，鼓励教师之间分享心得体会，从而不断提高教师教学研究与指导水平。在教师考核中加入创新创业绩效，并给予创业导师一定的政策支持，比如从考核方式、职称

评定和经费等方面给予支持。配备创新创业教育指导专职教师队伍，完善相关考核标准，使教师创新创业教学能力在组织和制度上得到保障。鼓励有条件的高校建立创新创业教育教研室或相应的研究机构。

2. 广泛开展创新创业实践活动

重视创新创业实践的重要性。通过举办创新创业讲座、举办高水平创业交流论坛、举办创业模拟实践，以及参加创新创业大赛等方式，从形式和内容上，增加学生的创业体验认识，丰富创新创业知识，在实践中学习，在实践中提高。注重创新创业教育和实践活动成果有机结合，发挥政府部门的作用，积极提供相应条件支持和基地支持以及资金支持，对优秀的创业项目进行推介并大力扶持，从行动和结果上切实扶持大学生实现自主创业。

3. 完善创新创业政策保障体系

持续健全和完善创新创业政策保障体系，促进高校创新创业教育活动的良性健康运转。

（1）加大创新创业支持力度。社会资源是稀缺且分散的，这就需要我们的政府和相关教育行政部门合理、高效地对社会资源进行整合，为高校创新创业活动提供资金支持。要加大创新创业投入力度，促使一些领头高校完备专业实验室、模拟仿真实验室、创业平台等相关基础设备，鼓励部分高校开放部分先进的教学资源与教学平台，为大学生创新创业提供资源支撑，如创业孵化基地、示范基地等。与此相配套的措施还有很多，比如鼓励学校联合开办大学生创新创业技能大赛、创新创业设计大赛，支持高校成立相关创新创业协会和社团，以此鼓励加深各学校的交流互鉴。

（2）优化学生创业指导类服务。各地区的大专院校都应该结合本学校实际情况，建立和完善学生的创业指导服务中心，切实落实创新创业教育活动相关政策宣传与解释，根据市场发展动向为学生提供全程指导和“一站式”服务。各有关部门需要结合高校的特点，积极探讨创新创业教育课程的鲜明特点，并制定行之有效的创新创业课程体系；各政府组织和地方组织以及行业协会要积极对区域需求进行调研，以需求为导向，以行业发展为方针，为大学生提供创新创业指南，引导大学生正确识别市场需求，发现创新创业契机，捕捉创业商机。

三、我国高校创新创业教育的发展概况

人才培养、科学研究、社会服务、文化传承，是高等学校的四大功能，其中人才培养作为高校的核心功能始终居于首位。开展创新创业教育符合创新型人才培养的时代要求、服务经济社会发展的现实要求、高等教育自身变革的内在要求，以及学生个人成长成才的必然要求，是在新的历史使命下应运而生的。

（一）我国高校创新创业教育的发展历程

我国创业教育的开端可追溯至1989年11月在京召开的“面向21世纪教育国际研讨会”，大会上提出了“创业教育”概念，自此拉开我国创业教育的帷幕。《创业教育在中国：试点与实践》中提出了1997年是中国高校创新创业教育起点，得到了学术界的广泛认可。[①] 已有研究根据不同标准和依据，对我国高校创新创业教育的发展历程进行了不同的阶段划分。其中比较有代表性的主要包括以下几类研究结论：

一是钟汝能（2015）依据“自发—自觉—主动”的过程，并分别从响应程度、战略定位、教育理念、阶段内容、推进策略和社会贡献等方面进行评估，将中国高校创新创业教育发展划分为三个阶段：高校自主探索阶段（1997—2001年），在该阶段创业教育开始引起社会的关注；试点阶段（2002—2009年），该阶段侧重于创业教育；全面实施阶段（2010至今），该阶段重视创新教育和创业教育并重发展，鼓励创新创业被纳入国家就业方针。[②]

---

① 闫利利，曲波．高校创新创业教育的关键问题与现实对策，教育与职业，2017（22）：67.

② 钟汝能．转型期高校创新创业教育探讨［J］．学术探索，2015（2）：152-153.

二是王莉方（2015）从创新创业政策发布、研究成果和实践三个角度分析，得到与钟汝能相同的划分阶段，并将其分别命名为：自发性探索阶段、多元探索阶段和全面推进阶段。①

三是丁俊苗（2016）通过对国务院、教育部以及高校毕业生就业与创业的相关政策及创新创业教育文件进行分析，将我国高校创新创业教育划分为“创业”阶段、“创业教育”阶段和“创新创业教育”阶段三个发展阶段（见表 2-1）。②

表 2-1　创新创业教育三个阶段背景、特征

阶段	时间起始	背景与目标	认识与行为	范围与层次	内涵与本质
创业阶段	1999—2002 年	缓解就业压力	被动寻找	就业层面	创业
	2003—2006 年	解决扩招压力	自发行为	大学毕业生	
创业教育阶段	2007—2009 年	以创业促就业	主动选择	创业层面	创业+教育
	2007—2009 年	培养创业能力	自主行为	大学生	
创新创业教育阶段	2010—2014 年	实施创新驱动发展	战略抉择	创新发展层面	创新-创业+教育
	2014 至今	培养创新创业人才	自觉行为	大学生	

尽管以上研究的角度和方法不同，对各历程阶段的表述也不完全一致，但是其观点均表明 2010 年至今，我国高校创新创业教育已进入了一个全新的阶段。在此阶段中，我国创新创业教育得以全面实施和全面推进。从时代背景分析，在这一阶段我国社会发生了更为深刻的变化，经济社会出现了转型，创新驱动发展战略同时已提出，同时提出“大众创业、万众创新”的战略布局，引导创新创业广泛而深刻地在中华大地上展开。基于这一历史变革，高校实施的创新创业教育已经不仅以实现就

① 王莉方. 我国高校创新创业教育发展阶段论［J］. 石油教育，2015（02）：82-85.

② 丁俊苗. 以创新创业教育引领高等教育改革与发展——创新创业教育的三个阶段与高校新的历史使命［J］，创新创业教育，2016（1）：1-4.

业为目标，更是实现了加快社会创新创业发展的目标，更成为实现创新驱动、发展伟大战略目标的重要组成部分。2015 年以来，国务院接连发布了五个系列重要文件，鼓励并支持全民参与创新创业。对于高校来说，开展创新创业教育的意义不仅表现在人才培养上，更表现在提供人才引领上。因此，创新创业教育已经在认识和行为层面上升为一种战略决策，其本质也从就业层面上升至创业层面，进而上升至以创新驱动发展的创新层面。从主体层面上考虑，最初创新创业教育的对象仅包含毕业生，而随着改革的持续推进，教育对象已经扩展至高校全体学生。从内涵方面分析，创新创业教育明确创新、创业和就业三者之间的联系与区别，以创业为基础上升至创新的高度，将创新创业教育重新赋予了新的内涵，即在人才培养的过程中提高创新，从创新提升中实现高质量就业和创业。

（二）我国高校创新创业教育的主要成绩

创新创业教育是高校积极响应国家需要，努力创造创新价值的重要举措。近年来，教育部实施了一系列措施以大力推进创新创业教育改革，并取得了显著的成效。

高等学校实施人才培养改革需要从多角度着手，而创新创业教育即为重要突破口（如图 2-3）。教育部通过对人才培养过程中的关键节点进行分析，着重改革关键环节，不断提高人才培养质量，实现人才培养模式的改革，并实现了创业教育模式从就业教育到创新创业教育以及向人才培养机制的转变。前者以创新的方式带动创业，以创业的方式实现就业，进而促进高校毕业生创业就业转向更高质量的发展；后者引入新机制，消除了学校内部的学科之间、学院之间的隔阂，打破了学校与企业主体之间的壁垒，实现了学科之间的交叉融合、学院之间的互联互通、学校内外的协同合作。从大学生品质培养上，中国的创新创业教育着重培养和提高了我国大学生“敢闯会创”的可贵素质，实现了我国高校大学生综合素质的再突破，展示了我国当代大学生发展的新风采和新面貌，为当代大学生综合全面发展提供了新的助推力。

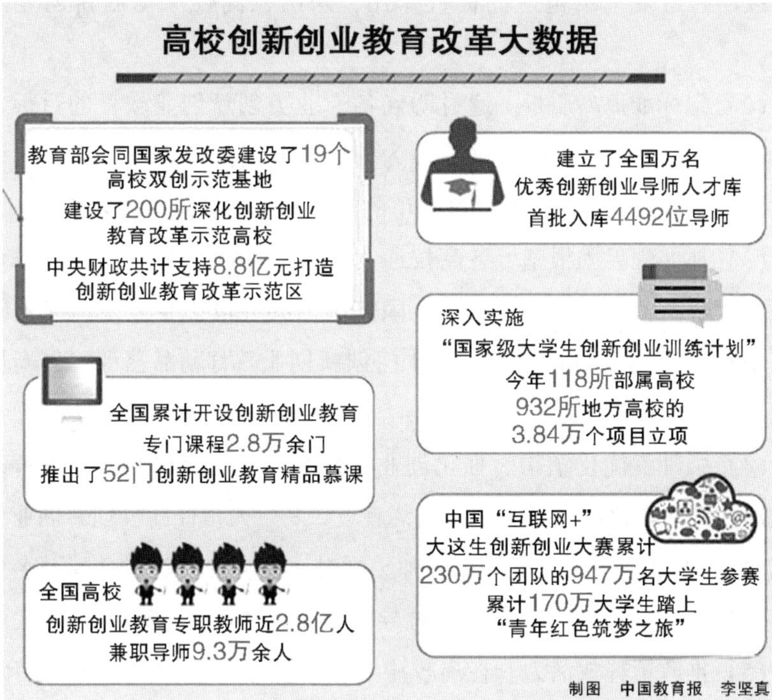

资料来源：《中国教育报》2019 年 10 月 11 日第 1 版

图 2-3　我国高校创新创业教育的主要成绩

1. 狠抓落实，创新创业教育改革成效显著

《国务院办公厅关于深化高等学校创新创业教育改革的实施意见》中，从质量标准、培养机制、课程体系、教学方法和考核方式以及创新创业实践等方面为出发点，采取了一系列务实举措，在以下六个方面取得了实质性突破。[①]

（1）建基地树立样板。教育部与国家发改委合作，建设了一批包含 19 所高校在内的高校双创示范基地，同时建设了 200 所深化创新创业教育改革示范高校。中央财政以 8.8 亿元的资金支持，来打造创新创业教

① 教育部高等教育司司长吴岩在教育部新闻发布会介绍深化高校创新创业教育改革及中国“互联网+”大学生创新创业大赛有关情况. http：//www.gov.cn/xinwen/2019-10/10/content_5438032.htm.

育，以期通过发挥示范区的标杆作用，来引领高校深化创新创业教育改革。

（2）定标准提高质量。通过明确各专业类创新创业教育的目标，并以本科专业类教学质量的国家标准为衡量，分别依据高校情况制定课程标准，从而为高校创新创业教育改革的方向和重点提供了政策指导。

（3）抓课程巩固根基。各高校通力合作，共同参与创新创业教育线上线下“金课”项目的建设，在全国范围内共开设 2.8 万余门线上线下创新创业教育专门课程，共推出 52 门创新创业教育精品慕课，创新层次与体系构建不断趋于完善。

（4）强师资优化结构。强化创业教育双导，定期举办培训教育，提高教师创新创业教育。当前，我国共有近 2.8 万人担任高校创新创业教育专职教师，9.3 万余人担任兼职导师。同时，各高校组建了全国万名优秀创新创业导师人才库，共有 4492 位导师成为首批入库专家。

（5）推政策释放活力。在高校中实施弹性学制，从时间上支持学生创新创业。具体的举措包括学分积累与转换制度、在线开放课程学习等；从学分获得的角度，将专业学习与创新紧密结合起来，激励大学生创新创业。

（6）强实践锻炼能力。从国家层面，以“国家级大学生创新”为指导，深入开展创新创业实践活动，并取得了不凡成就。2019 年，全国共有 3.84 万个项目立项，这些项目分别来自 1050 所不同的高校，其中包括 118 所教育部直属高校和 932 所地方高校，共有 16.1 万人参与项目实施，且项目经费总累计至 5.9 亿元。

2. 以赛促创，全球最大双创平台成绩喜人

中国“互联网+”大学生创新创业大赛，作为具有广泛且深远影响力的创新创业大赛项目，已经成为我国深化创新创业教育改革、提高创新创业活力的重要组成部分，也搭建了创新创业教育的平台。“互联网+”大赛自 2015 年举办以来，到 2021 年已经走过 7 个春秋，2021 年举办的第七届大赛更是引起广泛关注。2019 年 6 月 13 日，李克强总理就中国

“互联网+”大学生创新创业大赛所取得的成果，给予充分的认可和赞扬。通过对大赛的成果进行总结，教育部将“互联网+”大赛的成果归纳为“五个一”:①

(1) 组建了一支声势浩大的双创新锐大军。大赛参与人员众多，组建团队众多，参与项目也多，培养了一大批具有责任感、具有较高能力、具有创业精神的源源不断的青年力量，形成了一支具有巨大潜力的创新创业大军。

(2) 开出了一堂最大最有温度的国情和思政大课。大赛深入结合当前我国经济社会发展需要，与 74.8 万户农户实现对接、与 24204 家企业实现连接，最终 16800 余项的签订，累计产生 64 亿元的经济效益。

(3) 开出了一堂最大的创新创业大课。大赛通过设置以不同主体为参赛对象的板块，全面倡导从中学生到高校学生参与创新创业，以此来实现“更全面、更国际、更中国、更教育、更创新”的办赛目标。以赛助教，通过创新活动全面引导各类学生深入拓展创新思维、创新能力，加快创业项目转化为实际生产力，为国家创新发展而服务。

(4) 孵化了一大批高质量创业项目。通过数据结果表明，“互联网+”大赛的项目随即转化为实际创业企业，且有近 50%的企业实现顺利融资，其中有 19%的项目融资规模相当可观，达 5000 万元以上，且在 2018 年，创业项目也取得了不错的营收，其中突破 5000 万元的实践类项目达到 13%。

(5) 奉献了一场惊艳非凡的双创盛会。参赛团队没有局限于国内高校，同时延伸至世界各地共计 120 所高校，国际影响力逐渐提高。“互联网+”大赛不仅成为全球最大的双创教育交流平台，更贡献了中国智慧以及中国方案。

① 教育部高等教育司司长吴岩在教育部新闻发布会介绍深化高校创新创业教育改革及中国“互联网+”大学生创新创业大赛有关情况. http://www.gov.cn/xinwen/2019-10/10/content_5438032.htm.

四、我国高校创新创业教育的典型经验

《中共中央、国务院关于深化体制机制改革加快实施创新驱动发展战略的若干意见》（以下简称《意见》）中指出，到2020年我国要基本形成保障创新驱动发展的制度体系和法律体系，努力为促进创新的竞争营造公平的社会环境。《意见》指出，要发挥市场竞争对创新激励的根本性作用，实施并保证政策措施对创新创业的强大引导、规范和保障力量。创新驱动发展战略的内在要求包括对人才培养方式的深刻变革，再次强调创新创业教育在人才培养全过程中的作用。这需要相关政策和制度的引导和保障，需要社会各界的密切协同和配合，更需要各大高校积极探索并加强合作，协同创新共同推动高校创新创业教育的发展。在外部环境培育和发展动力的推动下，我国高校也不断转变观念，深化改革，创新模式，坚持为党育人和为国育才的初心和使命，逐步确立起创新人才的评价标准和质量保障体系，激发大学生积极参与创新创业，努力培养出能够担当时代大任的创新人才。找出重点，抓住重心，围绕关键路径中的关键环节，从课程体系、实践平台和质量评价等方面重点建设，将创新创业课程体系构建得更为丰富实用，将创新创业实践平台打造得更为多样，将创新创业质量评价标准制定得更加科学合理，不断完善创新创业教育体系建设，不断提高创新创业教育体系质量。各高校也要结合自身发展，不断探索出适合自身发展的创新创业教育模式，并提供具有典型性质的案例和经验。

（一）我国高校创新创业教育的主要模式

高校将创新创业教育具体到职位，再把职位和部门进行结合，不同的部门组成垂直和水平的系统，然后不同的系统组合成不同的整体。就此产生了不同的组织结构和教育模式。

1. 智能部处联动型的创新创业教育模式

智能部处联动型的创新创业教育模式以系统化、全链条化为特征，

可以将教育理念有效地落实到实践训练上，将创新能力培养和创业实践活动相结合。北京大学的创新创业教育模式即为智能部处联动型。

（1）创新创业教育的组织架构。通过成立工作领导小组，以校长作为带头人专职负责创新和创业教育，同时配合设计组建由专职部门和科学院组成的专门工作组，负责具体的特殊任务。同时，定期举办年度创新创业工作会议，要求院系或部门、校领导和部门负责人参加；同时在每个二级学院均成立由院长牵头的创新创业教育。进而形成发展全校创新创业教育服务的工作机制。

（2）创新创业教育改革的总体思路。北京大学的创新创业教育理念是以学校的使命愿景为核心，树立科学的理念，并将这个理念贯穿整个教育的全过程。第一，主张课程改革，比如建设培养学生的创新精神的课程，将专科课程与创新创业教育完美融合。第二，建立具有北大特色创新创业教育的运行机制，使其与北京大学的使命有机结合。第三，打造创新创业教育与实践活动联合的生态链，整合相关资源，使各部门和各个院系的利益最大化。第四，激发教师和学生的创造潜力，努力营造一种创新创业的氛围。

（3）创新创业教育的培养体系。北京大学多举措建设创新创业教育的培养体系。第一，制定评价人才质量标准。包括创新精神、创业能力在内的重要指标以及教学标准。为给培养创新创业人才提供良好环境，应该充分利用北京大学的学科体系和师资优势，完善综合性人才培养模式。第二，构建以加强创新创业学科建设为基础的创新人才培养体系。发挥综合大学的优势，在学习各个学科时，提供个性化培养和发展的空间。第三，建设交叉学科的跨专业人才培养模式。学校进一步完善双学位和辅修学位制度，鼓励学生把自己培养成复合型人才。

（4）创新创业教育的课程建设。创新创业教育要求高校不仅要设置分离的课程，而且需要与其他课程深度融合，如通识课程、专业课程等。目前，北京大学开设的通识选修课程，具体分为以下四门：中国文明及传统、西方文明及传统、现代社会和人文自然。将这几个方面融入学生的价值观建设方面，培养其创新意识和独立思考的能力。具体措施包括：教师在专业课程中，融入前沿知识，以学科和专业自身的特点为基础开展特色的创新创业课程教育，设置创新创业双学位。

2. 商学院主导型的创新创业教育模式

商学院主导型的创新创业教育模式的典型案例是上海财经大学。这所学校的优势学科就是商科，所以其创新创业教育的主要模式就是商学院主导型。在培养商科人才的全过程融入创新创业教育，在培养商科人才的过程中，把创新精神、创新意识和创业能力都融入其中。

（1）打造创新创业平台。上海财经大学的很多学院都打造了创新创业平台，负责了全校创业型人才培养，积极打造创意、创新和创业的软件教学平台以及硬件设置建设，包括成立创新创业服务和培训中心。同时，通过创建全国（财经类院校）创业学院院长论坛，丰富高校创业教育改革的智库建设，多措并举，来训练大学生的创业思维，提高大学生的创业技能。

（2）开发商科特色课程。在设计课程的过程中，有些专业将创新和创业课程也纳入了通识教育中。在课程的设计中，与加利福尼亚大学伯克利分校的哈斯商学院合作，设计了选修课程和创新实践选修课程；还有中小企业创新创业选修课，是由其与剑桥大学的商学院合作设计而成。很多的创新创业实验课程都是由此而来。在教材建设这一模块中，组织校内外师生共同编写并出版《创新创业教育蓝皮书》等系列论丛。

3. 双创平台型的创新创业教育模式

双创平台型的创新创业教育模式的典型案例是上海交通大学。上海交通大学是最先建设创新平台并成立创业学院的学校。上海交通大学创新学院其实是一个无形的学院，但却有实际的运行机制，能够对校内外资源进行有效整合。上海交通大学创业平台以创业学院为依托，旨在促进有前途的大学生成为企业家。一方面，通过创新创业教育的渗透与融入作用，从通识教育和职业教育的途径培养学生的创新精神、创业能力。另一方面，通过创新创业专业课程，进行专业的辅导，并提供一定的资金支持，使之有条件实现创业的具体行动。目前，上海交通大学创业学院已探索形成独具特色的教育体系。第一，创业学院建立的较为完整的创新创业课程体系包括“设计创新的艺术”“图形创意设计”“哲学智慧与创新思维”“艺术”“工程实践与科技创新”“风险资本与创业”等主要课程。第二，创业学院创新创业实践活动。创新创业实践平台包括：创新企业实习生、大学生创业培训计划、工科院校毕业设计等。

（二）我国高校创新创业教育的主要举措

创新创业教育的开展工作最早开始于 2002 年 4 月，由教育部开始高校创新创业教育试点工作，试点高校包括清华大学、黑龙江大学等 9 所高校。随着创新创业教育的广泛开展，2015 年将创业基础、就业创业指导等课程纳入学分管理，时至今日，创新创业教育更是实现了在全国高校全面铺开、百花齐放的现状。《教育部高等教育司 2019 年工作要点》（以下简称《要点》）提出打造“创新中国”的目标，《要点》要求持续深化高校创新创业教育改革，并强调创新创业创造实践活动的作用。教育部还要求通过创新创业教育改革实现版本更新，不断完善质量评价体系。《关于做好深化创新创业教育改革示范高校 2019 年度建设工作的通知》强调了课程构建的重要作用，包括制定优质在线开放课程以及“专创融合”的特色示范课程等。随着创新创业教育的广泛深入开展，其重要性也不断在高等教育事业发展中得以凸显。目前，教育部已先后认定了 200 所高校，实行深化创新创业教育改革示范工作。各示范高校均通过结合本校学科专业优势和特色，整合创新创业优质教育资源，多举措积极推动创新创业教育发展（见表 2-2）。①

① 邓淑华. 创新创业教育，这些高校有高招，中国高新技术产业导报，2019-05-15.

表 2-2 部分创新创业教育示范高校典型经验

学校名称	教育体系	保障体系
北京大学	北京大学通过实施多项措施来加强创业教育，具体包括：一是健全课程体系。融合同级学科下专业培养一致的专业基础课程，打破系与院之间的专业壁垒，实施学院、系所、专业全方位交叉的课程体系。通过启发学生，将国际前沿学术发展情况与实践经验代入课程，鼓励学生通过参与互动，彼此交流的方式提高创新能力。同时邀请专家开展主题讲座，借助“慕课平台”开设“创业大讲堂”系列线上课程，带动全国青年参与创业。二是强化科研支撑。加强教师科研成果和学生创新创业项目的信息化建设，以“国创计划”为指导方向，服务于创业团队的组建，科技成果的转化以及知识产权的交易等工作。同时，通过搭建相关平台，比如模拟创业平台、创业竞赛平台、创业实践与交流平台等支持大学生创新创业。其中模拟平台以虚拟经营企业的方式，对于提升大学生创业能力成效显著，具体包括大学生创客空间、模拟沙盘和创业咖啡角等。竞赛平台包括由学校、学院组织举办的各类大赛，包括“国创”大赛、北大学生创业计划和设计大赛等；实践平台鼓励学生加强实践技能，重点包括大学生创业企业管理技能，扶持大学生企业茁壮成长；比如北大校园内设有支持大学生协同创新创业的训练营和孵化基地；交流平台旨在加强信息和经验的交流互通和创业资源的优化共享，比如打造“北大清华 TMT 校友创投联盟”和“中关村数字健康产业联盟”等	注重创业保障服务，一是强化组织保障，组建创新创业工作委员会定期召开创新创业工作会议，承担创新创业相关工作任务。另外，加强政府、高校和国际组织的良性互动，共建创新科技园区。二是加强制度和机制保障，优化管理制度，加强协同创新，完善激励机制，切实将创业福利落在实处，比如设立创业奖金制度，对优秀团体和个人进行奖励。三是加强创新创业专业资金保障。四是改革创业大学生学籍管理制度，具体包括学生学分的积累与转换制度，创业学生学制制度等，允许学生根据创业项目进程适时调整学业进度，适当放宽学生学业修习年限，提供休学创业等政策支撑。通过健全全方位多层次的创业保障体系，不断深化北京大学创新创业教育改革。以上种种保障措施已经使北京大学在“大众创业、万众创新”浪潮中逐步成为中坚力量

续表

学校名称	教育体系	保障体系
清华大学	清华大学致力于将创新创业的教育培养理念和实践精神深深植根于学生的全阶段和全过程培养学习中，强调学生在接受创新创业教育过程中的分阶段学习和连续性保持。首先，以创业教育为目标导向，对原有创新创业教育培养方案中存在的过时的、不合理的内容加以优化或者重构，开发精品课程、成立创业类专业和学位项目实现创新创业教育。其次，在具体学习课程的开发、组建与后期管理方面，将强调发挥老师在课堂中的指导作用为主的第一课堂与注重学生自我学习力、创造力、积极性等的开发、训练与发挥的第二课堂相结合，推动创新创业教育的可持续化进程。具体措施包括：对原有的课程学习体系加以优化，重点推进《跨学科系统集成设计挑战》等 15 门挑战示范课的构建。邀请行业内专家，立足行业前沿和全球动态，为学生开展创业教育和创业指导。再次，完善并优化学生的学习评估体系建设。弱化成绩的功利性，强调自我素质的综合提高，破除唯分数论和百分制的评价等级制。最后，加强学院的创新化建设，如在 2015 年通过与华盛顿大学和微软公司进行的跨国界、跨业界综合合作模式创立的创新学院（GIX），由中美双方共同管理，注重将设计思维、技术开发和创新能力贯穿创新创业教育学习中，致力于为学生打造出良好的学生创业环境	清华大学注重创业平台建设，已经成为该校创新创业的亮眼工程。其中以“i. Center”“创客空间”和“X-Lab”最为成功。其中 i. Center 作为科研加工服务平台，坚持以工程类训练实践、挑战式和创新式系列课程为主，集结了包括清华大学及其校内外等多主体力量，精品课程有《机械制造实习》《实验室科研探究》等国家或北京市精品课程。“创客空间”是清华大学学生于 2010 年自发成立的学生社团组织，最初致力于加强师生对科技和艺术的理解与感悟，通过相互交流使大家爱上创新和创造，后来在创新创业教育上扮演了重要角色，目前已经成立团队 20 余支，人数超过 600 人。X-Lab 是以清华大学经济管理学院为主，美术、材料、电机系等 16 个院系为辅，于 2013 年 4 月合作建立的新型创意创新创业人才发现和培养的教育平台。作为一个公益性开放平台，截至 2019 年已经有超过 3 万人次的清华及社会青年学生参与了 X-Lab 的各类讲座、交流与实践活动。除此之外，有学生创建的各个创新创业项目已经直接带动 8000 多人的就业，融资金额突破 30 亿元人民币

续表

学校名称	教育体系	保障体系
浙江大学	浙江大学在国内创业管理方面是最早的一批院校之一，最早提倡将大学生的创业教育纳入高校教育内容系统中。作为创业领域元老级别的院校，浙江大学在创业教育方面取得了较大成功，成为高等教育系统的优秀示范高校之一。通过查阅浙江大学关于2018届大学生的创业就业数据，我们可以看出，该校当年自主创业人数达54名，且截至2018年，共计12家成功上市。“创新与创业管理强化班”（ITP）自1999年创办，已经走过20个年头，作为浙江大学创新创业教育的标志，该班培养了上千名优秀人才以及200位创业者，该班级走出去的大学生创新创业能力得到极大提升，同时作为优秀校友，可以反哺母校，带动母校新生创业力量的发展。同时，浙江大学注重创新创业课程建设以及与专业课程的结合，就创新创业课程的开办情况来说，已经累计开设100余门创新创业课程，包括《创业教育》《创业与创新基础》《技术创新创业》等课程；就创新创业课程的融合方式来说，浙大将构建四大课堂的协同培养模式，第一课堂重点在于启发学生创业思维。第二课堂从实践层面，切实提高学生创业技能，将专业知识和创业知识与实际情况相结合。第三课堂重点强化学生全面发展的综合素质。第四课堂拓宽学生国际视野，通过海外学习和海外交流提高学生的国际化水平。强化创新创业师资队伍，通过聘请各领域导师，以带徒制的方式解决大学生创业中的各种困难，浙江大学成立了首个亚洲关于创新创业	注重创业保障机制，重点体现在以下几个方面：第一，制度保障。陆续制定了《浙江大学教师科研成果转化政策》《浙江大学关于研究生在学期间停学创业的暂行规定》等相关政策。第二，资源保障。开辟创业实践场地，开办名师讲堂，成立项目实践基地，包括“义乌创业育成中心”“浙江大学科技创业实验园”“紫金创业元空间”，加强学生创业实践技能，选拔优秀创业大学生代表参加国际化实践和竞赛。第三，资金保障。设立各种创业奖金和孵化基金，提供项目与资本对接平台。浙江大学目前已经形成了完备的创新创业教育模式，大致链条呈现为“创业培训—创业竞赛—创业交流—创业孵化”，在创业全过程中进行培养教育。以创业教育提升整体创业实力，积极推动学生产生创业热情与意向、学校积极帮扶与指导、全社会共同参与保护，这样的“全链型”创业模式一直是浙大不断追求奋斗的目标

续表

学校名称	教育体系	保障体系
	专业博士点，主攻培养创业方向的专门技术人才。开设创新创业大赛，包括“蒲公英”大学生创业计划竞赛、“新尚杯”全国高校大学生创业邀请赛等多个竞赛活动，培训了多项优秀项目即创业团队和人才，其中杰出代表为：快的打车、米趣科技、友谦网络科技等资产规模过亿的优秀创业团队	
上海交通大学	上海交通大学在推动本校创新创业教育上采用的模式主要可以拆解为两个部分，第一部分是创业学院的建设。通过成立专业的创新创业学院，打破学校与学院、学院内各专业的创业壁垒，鼓励学生的复合型、交叉性统和发展。第二部分是面上覆盖和点上突破。在以专业教育为主要教育模式基础之上，不断渗透创新创业教育的相关内容，最终将二者融合起来。比如丰富大学生形势与政策教育内容，增设“科技创新”和“大众创业”教育专题和模块，开办创新创业知识大讲堂，邀请行业内领先企业创始人、成功校友参与到知识大讲堂中分享经验与心得。另外，组建校内专家队伍，提升师资实力，筹建由创投导师和创业导师组成的师资团队，在学业管理上，将创业教育计入学业学分的方式，鼓励大学生投入创新创业教育中。上海交通大学同时也承办多种创新创业竞赛，如“海峡杯”两岸大学生创业计划邀请赛，举办创业训练营。鼓励大学生创业，提供延长学年、休学等方式进行创业的途径	提供多项保障措施，与地方政府合建创业生态园、“全球创业创新实验室”以及科技创新实验室，针对学生创业项目，提供向上海市科技创业基金推介的支持，并筹措建立600万创业苗圃基金，为大学生创业提供资金支持。大力发展大学生创新创业成果的转化工作

续表

学校名称	教育体系	保障体系
复旦大学	复旦大学紧密结合创新驱动发展战略，将创新创业教育的培养成果与毕业生就业质量相结合，具体措施包括：以国家政策为指导，多途径、多层次完善校内创业教育体系。积极开发优质创业课程，课程面向学校全体学生。另外，复旦大学也在积极搭建大学生创新创业实践平台，包括基础教学实验中心建设以及学生社会实践基地和创业训练基地建设	复旦大学包括从实体上的社团以及研习班建设，成立学生创业俱乐部、创新创业实战营；积极组织学生参与创业竞赛项目，比如“聚劲杯”创业大赛、“复旦之星”创业大赛。不同类型的创业竞赛以一种“胜负欲”极大激发学生创业内生动机，良性竞争促进不同创业类型学生之间优势互补。另外，复旦大学通过各类手段积极资助本科类创业实践项目，不断提高本科类同学的创业意向和创业成功率，在为学生提供优良的就业指导和服务的基础上，重点关注创业意向较高的同学，针对其创业项目进行针对性的扶持，复旦大学也积极利用大学生科技创业天使基金、复旦科技园等资源，对于创业大学生的创业短板进行弥补，比如服务咨询、融资政策解读、企业经营管理等方面
中南大学	中南大学也是国家创业教育开展的“鼻祖”之一，同时也是优秀创新创业示范基地之一。中南大学是最早的“模拟公司创业实训项目”的试点院校之一，具有丰富的创新创业教育资源和教育经验。中南大学率先将创业教育与大学生专业教育结合起来，不仅如此，在学分管理上，开创了必修和选修相结合的教育学分体系，以及专门教学、基础教学、专业教学并举的课程体系，实现专业实践能力相结合的创新创业能力	着力打造实践平台建设，帮助学生参与项目训练，鼓励学生参与比赛训练，从多方位的角度提高大学生的综合素质

续表

学校名称	教育体系	保障体系
山东大学	山东大学从创业课程系统的完善、师资团队设置、创业项目资助、创新平台的搭建四个角度，多方位地加强创新创业教育工作的开展。具体包括：设置了关于创新创业的系列课程体系，根据创业课程体系结合当地特色，形成了许多知名度较高的课堂，如“稷下创业课堂”“齐鲁创业讲堂”，培养专业指导教师，不断实现双创指导教师人数的突破；激励同学们投身于创新创业的事业中，并且提供创业基金给予创业帮扶	山东大学通过设立创新创业项目基金，自主创新创业项目和计划达上千项，近7千余名大学生从中收益，成就大学生的创业梦想。另外，通过加强国际交流与合作，山东大学跟多所国际知名院校，包括剑桥大学、哈佛大学在内，形成国家化的创业教育合作平台
上海财经大学	上海财经大学以财经院校为研究对象，积极探索适合本校的人才培养模式，并最终形成“服务+特色”为主的培养机制。具体以本校优势专业——财经类专业为主，将创新创业的思维、理念渗透到课堂日常教学中去，激发学生自主学习与思考能力；另 方面是搭建平台，平台内容分别涉及教育、研究、实践和孵化四个方面，通过与科技园项目合作、整合众创空间形成多项完备的实践系统。致力于实现人才的全面性培养与发展，推进学生综合素质提升，不断加强学生后期在就业、创业过程中的执行力、创造力	上海财经大学通过整合各方力量，形成多元化的创业支持体系，完善“创业+创投+孵化”的“0-1”创业生态链

五、我国创新创业大赛的实践状况

大学生创新创业大赛是一种比赛活动，比赛内容主要涉及技术、管理、商业模式、产品、市场、服务等方面，大赛强调对创新的追求，以创业项目的形式呈现。[①] 自2011年以来，大学生的创新创业能力的培养引起了我国高校和社会各界的高度重视。《国务院办公厅关于深化高等学校创新创业教育改革的实施意见》中提出："举办全国大学生创新创业大赛，办好全国职业院校技能大赛，支持举办各类科技创新、创意设计、创业计划等专题竞赛。"[②] 国家鼓励大学生踊跃地加入创新创业大赛的队伍中，各大高校也响应国家号召积极开展和参与大学生双创大赛，一方面增强了学生的创新创业思想和意识，另一方面有利于提高创新人才培养质量，进一步深化双创教育改革。

（一）我国大学生创新创业大赛发展历程

在"大众创业、万众创新"号召下，国家相继出台政策大力支持各类创业创新大赛。在国家政策的引领和支持下，从1991年首届"挑战杯"创业竞赛的举办，再到2014年"创青春"创业大赛，再到2015年"互联网+"双创大赛的成功开展，我国的代表性大学生创新创业大赛已逐渐趋于成熟，越来越多的大学生积极地参与到创新创业活动中。高校大学生创新创业大赛多种多样，本文列出了由教育部主办并产生广泛影响力的高校大学生创新创业大赛，如表2-3所示。

表2-3 主要国家级大学生创新创业大赛

<table>
<tr><th colspan="2">赛事名称</th><th>首届年份</th></tr>
<tr><td rowspan="2">"挑战杯"全国大学生系列科技学术竞赛（简称"挑战杯"）</td><td>"挑战杯"全国大学生课外学术科技作品竞赛（简称"大挑"）</td><td>1989年</td></tr>
<tr><td>"挑战杯"中国大学生创业计划竞赛（简称"小挑"）</td><td>1991年</td></tr>
</table>

① 杨海涛. 大学生创新创业大赛对人才培养质量的影响研究［D］. 江西师范大学，2017.

② 中华人民共和国中央人民政府. 国务院办公厅关于深化高等学校创新创业教育改革的实施意见（国办发〔2015〕36号）［EB/OL］. http：//www.gov.cn/zhengce/content/2015-05/13/content_ 9740.htm，2015-05-13.

续表

赛事名称	首届年份
中国大学生服务外包创新创业大赛（简称“服创大赛”）	2010 年
“创青春”全国大学生创业大赛（简称“创青春”）	2014 年
“互联网+”大学生创新创业大赛（简称“互联网+”）	2015 年

通过文献研究我们也可以发现，“创新创业大赛”相关文献发表量自2000 年起至 2009 年开始有小幅提升，直到 2012 年开始有了较大幅度的显著增加。首先，“创新创业大赛”的相关文献主题多数集中在“创业大赛”“创新创业教育”“人才培养”等方面，说明大赛与大学生创新创业教育、高校人才培养质量有着密切的联系。其次，有大部分文献主题是专门研究“高职院校”的创新创业大赛，说明高职院校十分重视创新创业大赛对职业人才培养的影响。近年来，许多高职院校大学生参与大赛的积极性很高，且能够取得较好的成绩。另外也有一部分的文献主题为“互联网+”,说明“互联网+”大学生创新创业大赛已形成较大社会影响力，并逐步成为具有代表性的创新创业类竞赛（如图 2-4）。

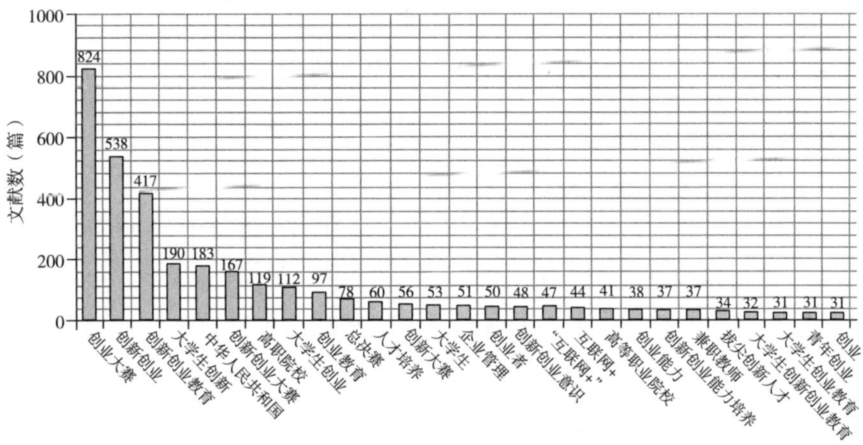

图 2-4 “创新创业大赛”相关文献主题分布情况（单位：篇/论文）

目前，高校大学生创新创业大赛的研究主题主要包括赛事举办过程管理、赛事举办实施的意义、各类具有影响力的大学生创新创业大赛实践研究三个方面。

第一，研究大学生创新创业大赛的举办与过程管理。例如，张志达（2014）分析了高校创业竞赛效率低下的原因，主要原因是创业项目过于理想化；大赛以模拟创业为主；大赛对参赛项目的后续跟踪支持不足；大赛强调技术含量，轻视项目的商业运营。丁三青（2009）基于“挑战杯”竞赛分析，从大赛本身反映的问题出发，揭示了中国高等教育的弊端，并提出竞赛应消除功利主义，大学应建立多元化的创新型人才培养模式、制定合理人才培养目标等对策。

第二，研究高校开展创新创业大赛的实施意义。多数研究肯定了大赛在人才培养以及创新创业教育改革上的重要意义。例如，蔡丽容（2017）肯定了创新创业大赛对大学生创新创业能力的积极作用，揭露了大赛在大学生双创能力培养中存在许多问题，如应试教育观念陈旧、传统的培养体系单一缺少创新课程、大学生创业的积极性缺乏，以及创新创业能力不足等，并分别从高校和学生的角度，结合创新创业大赛，提出相应的对策建议。杜洁（2014）肯定了创新创业大赛的考察作用，认为除了课堂教学和实践培训，创新创业大赛既具有选拔创新创业人才的作用，也具有评价当前大学生创新创业能力的意义。马建荣（2011）认为，高校应充分利用竞赛的机遇积极引导学生参与到双创竞赛中，有利于培养综合素养高的应用型创新创业人才。

第三，研究赛事举办的实践与启示。近年来，随着“互联网+”“创青春”等我国代表性大学生创新创业大赛的兴起与日渐成熟，与创新创业大赛相关的文献也逐渐开始具体化，越来越多的学者开始就某类代表性创新创业大赛的开展进行分析与研究，尤其“互联网+”相关文献从2015 年大赛开展之后逐年增多。

例如，张剑（2019）总结了“互联网+”双创大赛，通过对深化高校双创教育改革全面实施进行探索，提出通过“以赛促教、以赛促学、以赛促创、以赛促改”的实践路径，希望通过这一路径来改变传统教学观念，回归教育本质。林媛媛（2018）分析了高职院校“互联网+”

竞赛所带来的机遇和启示，总结了学校在参赛中存在的问题，最后对高校组织参加“互联网+”创新创业大赛提出改进措施。学者雷玉梅通过分析“互联网+”创新创业大赛的现状与初步成果，为高校推进创新创业教育改革提出了建议，并从大赛项目的创新性入手，激励高校充分调动各方面积极因素，促进好的参赛项目的形成。柳晓夫（2015）总结了“互联网+”大赛的新亮点，分析了需要改进的地方并提出了对策，探索出了“四全”创新创业教育模式，使创新创业人才培养体系的建设取得了新突破。

（二）我国大学生创新创业大赛的实施意义

创新对民族发展具有重要意义，具有巨大创新潜力的创新型青年人才，是国家发展的希望所在，为国家创新发展注入了新鲜血液。创新创业大赛不仅是检验大学生创业成果的平台，也是实现创新创业教育的重要工具作。其是对“大众创业、万众创新”的有力诠释，充分调动和汇聚起大学生对创新创业的热情和智慧。

1. 培养学生的创新实践能力

大学生创新创业大赛的举办有利于进一步激发大学生创新创业的积极性。团队想要在创新创业大赛中成功地脱颖而出，关键在于项目要够“新”、有创新的思路和想法，这就需要大学生要善于在学习过程中不断寻找有价值的问题，用创新的方式思考解决问题的方法，并开始设计出有创意有新意的方案。① 因此，创新创业大赛可以帮助大学生增强创新意识，将大赛当作实现创新成果转化的优势平台，锻炼创新实践能力。

此外，各参赛团队要深入了解自己的项目与社会的联系，并要撰写商业计划书以及学习并精通财务管理知识，在参赛前还要不断进行排演训练。“台上一分钟，台下十年功”，大学生通过参加创新创业大赛全过

---

① 蔡丽容. 创新创业大赛对大学生双创能力的培育作用［J］. 中国轻工教育，2017（01）：50-53.

程的准备和历练，有助于他们在实践中不断提升创新创业实践能力。①

2. 提高学生的自主学习能力

目前，很多高校的课堂教学过程仍实施以教师主动讲、学生被动听的传统教学模式，一切教学安排仍依照教学大纲按部就班进行授课，学生的课堂参与主动性和积极性较低，影响高校的教学质量。然而通过参加大赛，学生需要主动表达自己的想法和观点，充分发挥创造力和实践能力，从现实中发现问题，并能够利用项目解决问题，并不断发现新的问题。这可以培养大学生主动深入思考的能力，以及将抽象问题具象化实现的能力。

3. 调动大学生创业的积极性

创新创业大赛作为知识创新的公开明确的载体，不仅有利于提高大学生创新与实践能力，而且为大学生自主创业能力的培养提供了优越的平台。② 首先，大赛以极高的社会参与度为优势，全面影响了社会价值观念的转变，吸引了越来越多的投资机构和企业参与考评工作，潜移默化成功地搭建了企业、投资机构和大学生之间的桥梁，优秀的参赛团队有了企业或投资机构提供的资金支持，解决了大学生毕业后走自主创业之路的资金难题，极大地调动了大学生的创业热情，使创业促进就业得到真正实现。其次，创新创业大赛为大学院校所创办，邀请大学生参与，以此来实现对大学生创业能力的自检功能。然后，创新创业大赛还推动了科技成果转化，通过参赛的优秀科技作品更有可能获得国家授权专利。最后，由于大赛项目题目的设定主要是基于市场痛点，因此学生可以结合自己的专业所学知识，并在教师的指导下尝试将科研成果或专利技术用于创业，在创业实践过程中，积累未来毕业后的成功创业实践经验，

① 林媛媛，胡红玉．“互联网+”大学生创新创业大赛国赛实践与启发［J］．广东交通职业技术学院学报，2018，17（04）：117-120.

② 蔡丽容．创新创业大赛对大学生双创能力的培育作用［J］．中国轻工教育，2017（01）：50-53.

提高未来创业的成功率。①

4. 促进高校与企业的合作

创新创业大赛为大学生创新创业项目与社会企业构建沟通连接的平台，同时展示了现阶段高校在创新创业方面的成就。在大赛的现场，不仅有来自投资者与企业的指导，同时还包括企业对新项目发展远见力的体现。在比赛准备过程中，为了在竞赛中能够赢得公司投资者的青睐，学校团队必须具有善于发现社会“痛点”的能力，积极了解社会需求和时代创新的方向，以及探索大学与外界机构之间的合作，从而实现各方的双赢。

5. 促进教学课程体系优化

在传统课程体系中普遍依据本专业学科特点和相关方向开设课程，以满足学生专业学习的需求。但是专业课程的滞后性，容易导致创业教育的滞后性。大学生创新创业大赛的开展和推广为建立专业课程体系提供了明确的方向，指导学生着重解决问题，并可以针对当前市场需求，实施学校课程调整的具体方案。它有助于教师明确教学方向，使学生在学习过程中学会社会所需要的职业素养，提高大学教育教学质量。

6. 促进高校创新创业教育改革

大学生创新创业大赛的陆续、广泛且深入地开展举办，充分显示了深化高校双创教育改革已经在当前阶段取得了一定的成效，同时也促进了创新创业教育与学校专业教育的创新与发展。首先，比赛促使学校课程体系和人才培养方案的目标发生了变革，目标从先前的仅专注于综合知识和专业技能的掌握，转向现在的培养学生的创新思维和锻炼创业实践能力；其次，推动学校形成专业的创新创业导师团队，至今多数高校都设有专门的创新创业部门，已经开始全面监督和考察创新创业类导师；最后，还鼓励学校积极建立大学生创新创业基地。

---

① 张剑，任平．“互联网+”大学生创新创业大赛备赛实践研究［J］．智库时代，2019（35）：11+20.

（三）我国国家级创新创业大赛的实施概况

为了进一步激发大学生参与到创新创业中来，呈现大学双创教育的效果和成绩，教育部于2015年主办了首届中国“互联网+”大学生创新创业大赛，极大地促进了高校进行技术创新的积极性，“互联网+”一词也在学术界和社会上造成了巨大的影响。到目前为止，第七届“互联网+”大学生双创大赛刚刚落下帷幕，“创青春”创业大赛已举办了三届。除了全国举办的这几类最典型的大赛之外，各大高校也成功举办了诸多不同主题的大学生创新创业大赛。从国家级的双创大赛到各大高校开展的校级的双创大赛，从地级市创业竞赛到行业企业的创业竞赛，我国分层次多类别的双创竞赛网络已初步形成。其中最具影响力和代表性的国家级大赛主要包括以下几类：

1. 中国“互联网+”大学生创新创业大赛①②

中国“互联网+”大学生创新创业大赛得到政府的重点关注。该大赛是由国家主席习近平批示、国务院总理李克强提议举办的全国级别最高、影响力最大的大赛。第一届“互联网+”大赛于2015年举办，截至2021年，该大赛已成功开展了七届比赛，吸引了940多万名大学生、230万个团队参赛。当前的“互联网+”大赛已经成为深化产业与学习相结合的重要平台渠道，也是双创教育交流的全球平台渠道。

（1）大赛宗旨。“互联网+”大赛的首要宗旨，为高等教育的持续深化改革提供助推力，强调创新在引领创业中的重要性，不断提高我国高校大学生的质量，同时实现大学毕业生高质量就业。

（2）参赛项目要求。“互联网+”创新创业大赛强调创新的作用，而创新需要结合时代的需求，充分发挥互联网、云计算、大数据、人工智能等新一代信息技术在经济社会中各领域中的作用，以期实现新产品、

---

① 全国高等学校学生信息咨询与就业指导中心. 全国大学生创业服务网［EB/OL］. https://cy.ncss.org.cn/index.html，2019-04-01.

② 编写组. 以赛促教以赛促创：中国“互联网+”大学生创新创业大赛指南［M］. 北京：高等教育出版社，2018，8.

新服务、新业态、新模式的构建与培育；达到互联网在促进制造业、农业、能源、环保行业的转型升级中的作用。

（3）参赛对象。第一，初创组。参赛项目要求是工商部登记 3 年之内的企业，且对其投资不能超过 1 轮。申报人面向全国高校在校生及毕业 5 年之内的大学毕业生，且为创业公司的法人代表。第二，成长组。要求其参赛项目在工商部门登记已经超过 3 年，若该项目融资轮次超过 2 轮，则对工商部登记时间不做要求。申报人与前者要求相同。第三，师生共创组。高校中如果有教师持股比例占绝大部分比重的项目，按要求需参与该组的比赛，要求其项目已成功注册为企业，且企业的成立时间以 5 年为限。申报人与初创组、成长组要求相同。

（4）大赛赛制。比赛为高校级初赛、省级复赛、全国总决赛。大赛规定，在全国范围内共产生 1200 个项目进入全国总决赛，包括 600 个高教主赛道、“青年红色筑梦之旅”赛道、职教赛道和萌芽板块三类赛道各 200 个，通过在线评审从主赛道晋级到总决赛现场 150 个项目。大赛设置金、银、铜奖等多个单项奖项，以及高校集体奖、省导师奖等特殊奖励，同时比赛还为优秀参赛团队提供投融资对接服务，并鼓励优秀项目落地孵化。

（5）第五届“互联网+”大学生创新创业大赛概况。①② 第五届“互联网+”大学生创新创业大赛于 2019 年 3 月至 10 月举办。大赛共包含四个创新主体的四大板块。从参赛成员构成上，包括五大洲、24 个国家和地区、四千多所院校、457 万名大学生、109 万个团队，参赛规模实现质的飞跃。经过初赛和复赛的多轮筛选，最终共有 581 个项目进入总决赛的角逐，其中包括国际赛道的来自 27 个国家的 111 名师生。总决赛共产生 121 项金奖和 286 项银奖。最终清华大学团队提出并开发的“交叉双旋翼复合推力尾桨无人直升机”项目获得冠军。此外，在本届大赛的投融资

---

① 新华网. 第五届中国“互联网+”大学生创新创业大赛决出冠亚季军［EB/OL］. http：//www.xinhuanet.com/info/2019-10/15/c_ 138472435.htm，2019-10-15.

② 搜狐教育. 第五届中国“互联网+”大学生创新创业大赛在杭州圆满落幕［EB/OL］. http：//www.sohu.com/a/347420035_ 574169，2019-10-17.

对接活动中，有284个决赛项目提交了融资意向，335名各行业企业的投资者参与了活动，最终共实现了406个投资意向，总金额突破了17亿元。

2. “创青春”全国大学生创业大赛①

“创青春”全国大学生创业大赛是在“挑战杯”中国大学生创业计划竞赛（简称“小挑”）的基础上举办的，从2014年开始，每隔一年举办一次，每届都由一所高校承办，现已成功举办三届。它是由包括共青团中央、教育部、人社部、中国科协等多个部门联合举办的，面向大学生的创业大赛。经过多年的发展，“创青春”大赛形成了创业计划竞赛（即“挑战杯”竞赛）、创业实践挑战赛和公益创业赛3项各有特色、互为补充的竞赛。历届比赛的打磨使得“创青春”的比赛流程更加合理、比赛内容更加贴近实战，大赛与高校的创业教育内容相互呼应，因此高校参赛积极性持续高涨，高校以赛代练、以赛促学、学赛结合。在这样的背景下，“创青春”大赛发展成为与“互联网+”大赛一样的全国顶级赛事！

（1）大赛的宗旨体现了创业“意识—思维—能力—人才”的内在逻辑。

（2）参赛对象与项目要求。第一，大学生创业计划竞赛的参赛对象为全体高校在校生，参赛项目评估形式为对商业计划进行打分。第二，创业实践挑战赛：面向全国高校在校生及毕业3年之内的大学毕业生，要求参赛作品必须是已超过三个月实际投入运作的创业项目，评估内容是该创业公司的盈利状况和发展前景等指标。第三，公益创业赛：该比赛只允许在校大学生参加，而且对参赛的项目有明显的限定（任何以营利为目的的项目都不具备参赛的资格），对于参赛项目成绩的评定主要参考项目计划书和投入实践运营的可行性。

（3）大赛赛制。大赛赛制共分为三个阶段，分别是校提交的三项主要比赛的参赛作品，并从中选出90%左右晋级决赛。比赛的奖项设置为

① 创青春全国大学生创业大赛. 2018年浙大双创杯全国大学生创业大赛关于创青春［EB/OL］. http：//www.chuangqingchun.net/about，2018-05-03.

金奖（10%）、银奖（20%）和铜奖（70%）。此外，针对项目的实操性、可用性及发展性也进行了评定。

（4）2018年“创青春”全国大学生创业大赛概况。[①] 2018年5月至11月，“创青春”双创杯全国大学生创业大赛成功举办。这场大赛在时间节点上来说具有重要意义，是我国提出建设“双一流”高校后首次举办的创新创业大赛。围绕“弄潮创青春，建功新时代”的竞赛主题，来自全国两千多所高校的创业团队参与了大赛，共有15万件参赛项目参与竞争。最终共有369个项目进入决赛，且这些项目来自197所高校。决赛通过激烈的角逐，最终共有69个项目摘得大学生创业计划竞赛金奖，其中，35个项目获得创业实践挑战赛金奖，20个项目获得公益创业赛金奖。大赛提供充分的保障服务，包括对所有金奖项目提供创业孵化政策，并为优秀项目提供投融资对接平台，为大赛成果的转化和落地提供了条件。另外，大会在决赛期间邀请各投融资机构参与人工智能青年论坛、原创话剧专场演出、杭州创新创业园区参观、创新创业成果交易会等活动，共吸引64家创投机构、71位知名投资人参与推介和投融资对接，从数量上，线上投资接洽1259次，以及150余个优秀项目的189次线下深度洽谈，最终达成85个项目投融资意向。

3. “挑战杯”大学生创业大赛

“挑战杯”大学生创业大赛即“全国大专院校‘挑战杯’系列赛”，该赛事是由共青团中央委员会联合中国科学技术协会、教育部和全国学术联合会共同赞助和举办的。挑战杯分为“大挑战”与“小挑战”，课外科技竞赛被称为“大挑战”，具有中国大学生的“科学技术奥运”的美誉。

（1）“挑战杯”全国高校学生课外学术和科学作品竞赛。“挑战杯”竞赛一直坚持“倡导科学，追求真知，努力奋斗，热衷创新和迎接挑战”的宗旨，于1989年举办首届比赛。“挑战杯”产生了广泛而深入的影响，

① 创青春全国大学生创业大赛. 2018年“创青春”浙大双创杯全国大学生创业大赛终审决赛新闻发布会召开［EB/OL］. http：//www.chuangqingchun.net/article/16009/，2018-11-07.

是高校科技创新方面的“奥林匹克”。竞赛一直受党组织和国家领导人的关注，“挑战杯”比赛杯名由江泽民同志亲笔题写。党组织和国家领导人也一直鼓舞大学生们踊跃参与其中。经过十届，“挑战杯”比赛已成为全国影响力非常大的赛事：第一，一项吸引大学生共同广泛参与参加的科技活动。从最初的19所大学开始到如今已经有1000多家大学；从300多人的小圈到200万人以上大学生的体育馆，“挑战杯”比赛在大多数年轻学生中都具有重要的影响力和吸引力。第二，创新的摇篮使足够优秀杰出的年轻人才有资格崭露头角。在比赛的优胜者中，长江学者2名，国家重点实验室负责人6人。通过跟踪获奖者后续发展，70%的学生的学业水平显著提高，近30%的学生会选择继续出国深造。如现任北京中兴微电子有限公司董事长的邓中翰，是第二届“挑战杯”比赛的获胜者；获得“中国杰出青年科技创新奖”，现担任安徽科技大学信息技术有限公司总裁的刘庆峰为第五届“挑战杯”比赛的获胜者。第三，大学生推进现代化的重要途径。成就展示、技术转让和技术企业家精神等使“挑战杯”竞赛从理论知识转变成现实问题，将高校的科学技术成果转化为经济社会发展所需的实际生产力，极大地促进了经济社会的发展。第四，提高大学素质教育。“挑战杯”现在已经形成了三级比赛体系，由国家、省部和高校三层结构组成。广大高校的挑战杯现在已经不是之前那么单一了，经过层层改革，“挑战杯”比赛已经成为大学生各项技能展示的重要平台。第五，一个光辉的舞台，展示所有中国学生的创新风格。来自中国香港、澳门和台湾的许多高校也都积极参加了比赛，观察整个比赛过程。现在比赛可以使两岸的高校学生们促进感情，互相学习。

（2）“挑战杯”是由中国大学生组织建设的创业竞赛。这类竞赛来自美国，是一项在全球大学中盛行的比赛。借鉴了风险投资的运行机制，要求竞争小组成员之间优势互补，创业项目成果强调技术、产品或服务要十分具有市场潜力，大赛的目的是围绕技术、产品或服务来获得风险投资。其创业计划的特点是完整、具体和深入。比赛预赛、半决赛和决赛三个阶段分别采用学校、省（自治区，直辖市）和全国三级比赛系统。

4. 中国大学生服务外包创新创业大赛

由教育部、商务部等联合主办的中国大学生服务外包创新创业大赛是创新、创业全国性竞赛。目的是为外包产业发展和人才培养提供重要支撑。首届大赛于 2010 年举办，现已经成功举办了十一届。服创大赛经过十一年的发展，已取得了十分显著的成效，参赛数量上包括海内外 1600 多所院校、40 余万名大学生共同参与，大赛在向服务外包产业提供人才上取得了非凡的成就，现如今共提供了近 15 万名创新人才。

（1）大赛宗旨。大赛以现代服务经济和创新、创业、创富为主题，通过强调产业需求与高校之间的互动作用，为服务外包产业发展提供了人才保障；大赛以现代服务产业为着眼点，鼓励并推动大学生参与服务产业实践，并为产业发展与升级提供了一大批优秀人才。

（2）参赛对象与参赛项目要求。大赛的参赛对象为全国高校在校生及毕业 5 年之内的大学毕业生。参赛项目上鼓励学生考虑各种因素，例如业务模型、技术方案、商业运营等。要求参赛者提供完整的解决方案和创新应用条件，同时，还鼓励团队提出有创意的项目，并将优秀项目发展为创业活动，从而提高参赛者的创业意识。

（3）大赛赛制。比赛使用全国预赛、区域赛、全国总决赛的赛制，各高校组织团队以项目计划书的形式提交参赛作品，入围决赛的团队参加无锡市现场举行的决赛。同时大赛通过设置区域赛的模式，扩大赛事的影响范围，并分别设置参赛奖项，提高区域赛参与团队的参与热情。

（4）第十届中国大学生服务外包创新创业大赛概况。第十届中国大学生服务外包创新创业大赛于 2018 年 11 月至 2019 年 5 月举办。从参赛高校上看，包括武汉大学、复旦大学以及中山大学等 527 所国内院校，其中包括 985 院校 29 所，211 院校 51 所，参赛院校数量分别同比增长 71% 和 104%；从队伍构成看，共有 3924 支团队报名，最终有 2397 支团队进入初赛。同时，大赛通过设置区域赛的方式积极鼓励西部高校参与，充分调动了西部各高校参与大赛竞争的热情，进一步扩大了竞赛的规模和影响力。最终来自江南大学、重庆大学、上海交大等高校共 19 支队伍荣获大赛一等奖。本届大赛聚焦信息技术前沿领域，有200余家公司参与命题，首次编制了企业外包类题目，这些题目紧贴云计算、人工智能等新技术在服务外包产业上的应用与发展趋势，有利于对校企合作育人的新模式进行探索。①

（四）高校大学生创新创业大赛的发展趋势

从1991年最初的大学生创业计划大赛发展到如今的“互联网+”“创青春”等高科技高水平类型的创新创业大赛，以及参赛项目设计与创新理念的不断发展，充分体现了我国创新创业教育的发展路径，体现了我国高校人才培养方式的深刻变革。创新创业大赛一般由第三方组织（例如非营利组织、基金会或公司组织）。大赛的项目可以分为两个方面：一个是停留在创意阶段，另一个是已经投入实践的创业团队。大赛要求参赛者注册为团队，并接受跨院校团队的组建。首先，举办以高校为单位的校级初赛，然后选拔优秀的晋级参加省级复赛，复赛中的优秀项目再次晋级到全国总决赛。比赛还邀请了相关企业、创业投资机构、大学科技园、高校科研机构等专家或企业家参与项目创业计划的评审工作。处于创业阶段的项目参与评审的主要内容包括商业计划书和现场公开答辩，已有创业成功的项目还需要加入盈利状况和发展前景等指标进行项目评估。② 根据对我国创新创业大赛赛况的研究，可以看到我国大学生创新创业大赛一般均具备以下三个突出的特点：

（1）项目创新性。大赛要求参赛项目需在某一行业或领域有所创新，包括但不限于在方法上、技术上以及理念上实施。只有当大赛着眼于项目的创新要求时，才能驱使学校培养出高素质创新思维人才。

（2）团队协作性。由于大赛的特殊性和严密性，一般来说，必须要以团队的形式来参加创业类的大型比赛，大赛评分细则中团队合作是很

① 中国新闻网. 第十届中国大学生服务外包创新创业大赛落幕：527所国内院校参与［EB/OL］. http：//www.chinanews.com/sh/2019/05-24/8846535. shtml，2019-05-24.

② 蔡丽容. 创新创业大赛对大学生双创能力的培育作用［J］. 中国轻工教育，2017（01）：50-53.

关键的一个维度，它主要评估每个团队成员的个性特征、专业水平、沟通表达、价值观和特长，它们是否具有互补性；公司（创意组）的人员安排、组织结构、业务分工，它们是否具有合理性；创业项目与合作企业之间的关系；团队是否有创新想法和明确的问题解决方案。因此，鼓励参与创新创业大赛有助于培养大学生的协作意识、团队意识和管理意识。

（3）实践可行性。大赛考评中还有一个不可忽视的细节，即参赛方案是否合理可行。参赛项目的中长期发展规划和推广战略是否具有明确性和合理性是至关重要的。根据以往大学生创新创业大赛的考评经验，评审只着眼于创业计划书是否完整、项目是否有创意，评审形式仅以书面形式存在，很难付诸实践。在当前的大学生创新创业大赛中，有许多优秀的团队还吸引了风险投资公司或企业的负责人参加。许多优秀的项目有很合理的构思，有可能解决某个行业痛点，有很大的投放市场的可能性，并且可行性很强。

综上，我国高校大学生创新创业大赛不断涌现出极具创新性和实践性的新兴创业项目，吸引了越来越多社会企业的关注，大赛已成为促进高校学生全面发展的平台，成为推动产教融合和校企合作的重要桥梁。从未来发展趋势来说，高校创新创业大赛的创业主题与构想也正在逐渐走向数字化、科技化和网络化，创业计划项目也从最初的普通工业、服务行业企业变为现在的互联网大数据行业与人工智能创新企业，办赛理念不断适应时代的发展和经济的需求，也逐渐成为我国创新创业教育的重要组成部分，构建了我国发展创新创业能力的新平台和新载体，从系统性和全面性以及全阶段性的角度帮助我国更多青年学生提升创业能力，这对于培养大学生的创新实践能力，引领高校师生激发更多创新活力，激励师生积极主动参与创业实践并生产创新产品，提高高校的创新创业教育水平具有重要意义。

第三章

Chapter 3

执行成效：我国高校学生创新创业教育的绩效研究

创新创业教育在国家的经济发展和科技创新过程中发挥着极其重要的作用，已经成为我国建设创新型国家的重要战略支撑之一。为了更好地贯彻国家重要战略，创新办学机制，推进教育改革，创新创业教育已经成为我国高校以提高人才教育质量和创建一流高校为目标的重大研究课题，该课题为国家的发展和创新提供持续的动力。在推进创新创业教育的过程中既探索积累了丰富的经验，又取得了显著的成效。对于我国高校学生创新创业教育的绩效研究将为我们揭示专业知识与创业能力、创业教育与创业绩效的内在关系，为客观评估我国高校创新创业政策的执行成效具有重要意义。

一、高校本科生与研究生创业能力生成的内在逻辑关系

随着人力资本相关理论的发展和演进，以能力为基础的人力资本概念框架逐步成为主流，于是我们对人力资本的形成及对个人行为的作用展开讨论就有着非常重要的意义。由于人力资本的核心要素就是能力，同理，创业人力资本中创业能力也是核心内容。因为创业是一个复杂而艰难的实践化过程，只有意识和精神是远远不够的，而创业能力恰恰为

大学生选择创业和创业成功提供了最坚实的保障。大学生创业能力是如何形成的？我们追溯到知识和能力的一般逻辑关系去分析和推演。不同类型高校确定了其不同的人才培养模式定位，所传授的知识结构是培养和形成大学生能力的基础。

（一）高校大学生知识向能力转化的逻辑与机理

从核心概念出发，厘清不同概念间的逻辑关系，从理论的起点来探寻高校大学生创业能力形成的根源具有非常重要的研究价值。我们需要进一步科学分析知识结构、专业能力与创业能力三者之间的关系，准确把握“知识结构—专业能力—创业能力”的逻辑结构。一般认为，知识结构是专业能力培养的先决条件，个人的专业能力（包含专业结构和专业特征在内）均取决于其知识结构。创业能力是专业能力的高层级，位于能力结构的高层位阶，是专业能力的综合性体现。而高等学校通过创设以培养学生创新创业能力为教育目标的教育环境、教育内容、教学模式和评价导向，将对优化大学生的知识结构，培养其专业能力，并促进其专业能力向高位阶创业能力的转化提升具有重要意义。

1. 知识与能力之间的关系

（1）知识与能力的概念分析

人们在漫长的生产劳作过程中积累了丰富的经验，将经验进行概括和总结就形成了知识，它是对客观世界和人类长期认知活动的总结，是人类对世界不断地探索和改变过程中积累的成果，是人类智慧的结晶。知识一般分为社会科学知识、自然科学知识和思维科学知识，从另一个角度讲也可以分为实践经验知识和书本理论知识。知识的本质是我们针对客观存在的事物所作出的一系列的主观能动反映。之所以如此说主要有以下三个原因：首先，人类根据自身的需要主动地去探索和实践；其次人类对其他事物的反映以自身的心理和物质结构作为基础；最后，人类通过心理活动来整合既包含事物的表象更包含事物本质的信息。人们根据知识获取的方式的不同对知识进行划分，通常分为直接经验和间接经验。课堂教学中所传授讲解的知识就是人类的间接经验。这些间接经验是人类在漫长的发展过程中历经无数次的成功与失败所积累下来的宝贵财富。而通过间接经验的传授不仅可以使受教育者了解到那些在人类成长过程中遭受过的痛苦与磨难，还可以使受教育者认清那些无法重现的历史。

能力是以人的身心素质作为必要条件，它是人们在不断地实践和探索学习的进程中慢慢形成的特殊力量。能力的基本属性是实践性和综合性。对于能力的理解我们可以从以下四个方面进行说明：首先，关于能力的强弱有一定的社会标准来进行衡量。主体能够完成对客体的认知及改变被认定为有能力，否则主体将被认定为无能力。因此成功与否是判断有无能力的主要指标，而在认识和改造客体时所使用的方法优劣、消耗的时间长短则成为判断能力高低的重要尺度。其次，能力的大小和有无需要在主体对客体的行为活动中体现出来，所以我们无法对一个不曾开展对象性活动的主体进行能力的评价。再次，由于人类对客体的对象性活动存在无数种可能，所以对应的能力种类就是无限的。最后，能力存在着明显的个体差异性。能力的形成是以个体的生理和心理为基础的，个体身心在结构、感觉上的差异与个体后天实践经验和环境的不同造就了个体能力的明显差异性。

（2）知识与能力的本质及两者之间的相互关系

我们要想认清知识与能力之间的内在关系，首先要能够厘清知识的本质和能力的本质。对于知识的本质我们从不同的视角出发可以得到不同的结论。从心理学刺激反应的视角出发，我们可以将知识看作主体对客体是否有认知或者认知的程度等；从信息论信息输入、输入的视角观察，可以将知识看作一种信息或信号；从哲学的意识范畴的角度，我们可以将知识既视作人面对客观事物的一种反映，又可将知识视为一种与人的本质密切相关的文化以及人类智慧的结晶，更进一步地认为知识是一种信仰。

能力和力量的形成与知识有着密切的联系，不同层面的知识可以形成不同种类、不同大小的能力和力量。我们可以通过知识的规范、引导和开发作用，使得人的本能、欲望、兴趣和能力结合起来形成力量，还可以利用知识规范和指引人的世界观、价值观，从而产生力量。知识以一种潜在的、非现实的力量存在还是以现实的力量存在，主要依据知识是否对人的主客观潜能产生影响来进行评判，因此知识不能直接等同于能力和力量。借助当今社会的知识论、教学论等内容，我们对知识、能力与力量的关系有了更加深入和完整的认识。我们质疑“知识改变命运”“知识就是力量”这个被近现代人视为真理的概念，并不意味着对知识可以产生力量的否定，而是对轻视能力发展、轻视知识结构的合理性、忽视知识教学方式的有效性等不良现象的一种反对、纠正和预防。

可见，知识水平决定了人的能力结构和能力特征，不同的高校类型意味着不同的教育目标，施以不同的教育环境、教育内容、教育方法和质量评价体系，是培养大学生一般专业能力的基本规则。一般情况下，专业能力的形成和发展是以专业知识为基础的，而专业能力是创业能力培养和提升的关键所在，这就形成了“专业知识—专业能力—创业能力”的逻辑结构。从统计概率分析，不同的专业教育将会培养大学生不同的创业能力和创业领域。因此，创业能力是专业能力的综合性体现，处在能力结构的最高点，具有高层次能力的属性特征。厘清国家在创新创业教育领域发展趋势与新形势下研究型高校大学生创新创业的特点，对研究型高校开展大学生创业教育的定位和实施，具有极其重要的实践意义。

2. 专业知识与专业能力之间的关系

（1）专业知识与专业能力的概念解析

知识的概念是哲学认识论领域最为重要的一个概念。知识的定义在认识论中长期以来一直是一个争论不休的问题，罗伯特·格兰特指出，尽管“什么是知识”这个问题激发了世界上众多伟大思想家的兴趣，但至今也没有一个统一而明确的界定。知识是人类在实践中认识客观世界（包括人类自身）的成果，它包括事实、信息的描述或在教育和实践中获得的技能。知识是人类从各个途径中获得的经过提升总结与凝练的系统的认识。知识也可以看成构成人类智慧的最根本的因素。专业知识是基于不同领域与行业间对科学实践方法与知识体系的系统化总结，其功能在于为实践活动提供科学化的指导思维方式和方法。不同的知识结构则体现出专业知识的特点，不同学科、不同专业则构成不同的知识结构，专业知识的构成包含具有普适性的一般领域的知识、具有附属性的专业知识以及解决相关问题的一般能力。专业能力需要拥有者对专业知识进行充分理解、把握和有效运用，才能真正发挥专业知识的积极作用。

当大学生掌握了丰富的专业理论和知识之后，他们逐渐掌握了利用这些理论和知识解决生活和实践过程中实际问题的能力，继而将获取一种由相关知识和能力内化而来的品质，这就是我们所说的专业能力。大学生在学校期间应当获取的知识和能力主要包括四个方面。第一，学科知识，从知识范畴的角度上包含自然科学知识和人文社会科学知识两个大类，涵盖了所有的学科领域；从知识类型的角度上主要包含基础理论（基本原理知识）和基本技能（实践知识）。第二，以创新性、创造性、实践性为特点的创新创业能力，大学生的创新创业能力是基于专业知识和能力之上的一种升华，需要对大学生逐步展开创新意识、精神和能力的指导，为创业做好准备。第三，对信息的获取、分析和利用的能力，随着互联网和大数据的发展，我们的生活、学习、工作都发生了巨大的变化，甚至我们的思维方式也在从单一的机械思维向大数据思维进行演化。世界的发展日新月异，时代的变革和生活节奏的加快迫使大学生加快学习的步伐，只有进一步解放思想、与时俱进才能在海量的信息里获取自身发展所需要的信息和知识，进而才能将信息和知识整合为自身所需要的能力。第四，经验知识能力（意会能力）是在生活和工作的实践过程中逐渐形成一种经验，是人对生活、工作等环境的一种适应能力，它包含生活、社会、管理以及专业技能等经验。专业知识与专业能力间的关系表现为：首先，专业能力的形成需要以专业知识为基础。其次，掌握专业知识的速度、质量与程度依赖于专业能力的发展，专业能力在一定程度上制约着专业知识的掌握。

（2）专业知识向专业能力的转化

专业知识向专业能力的转化，实质上是知识管理的过程，相关文献分析显示知识管理主要有以下四个过程：从外界获取专业知识，从自身所拥有的资源中选择所要学习的知识，产生新的知识，并通过一定的方式实现知识在特定团体中的内化，然后通过显性知识与隐性知识的形式实现专业知识的外化。

专业能力包含技术性专业能力与一般性专业能力两种。技术性专业能力是知识与技巧的结合，使创业者在特定的创业活动与创业环境中获得成功。表现为：市场管理、市场营销、创业管理、品质管理与创业服务等方面。一般性专业能力则是指创业者在创业活动的发展中的自我调整与自我控制能力，也包含有创业者的个人特质如态度、动机等。因此，需要将专业知识不断地转化为专业能力。

一个人的专业能力是在自身的先天条件的基础上通过专业知识和理论的学习获取的，而专业能力的高低与自身所接受的教育程度、知识和技能的储备、参与社会实践的经历，尤其是对以上三者融会贯通的水平有着密切的关系。专业知识和专业能力往往被我们一起提及，专业能力的培养和提高需要以专业知识的储备为前提，专业能力是实践过程中的一种外在表象，它通常表现为个人对某些工作完成的效率和效果，而这种能力的呈现是对专业知识长期学习、消化、提炼和内化的结果。在社会进步和科技发展的同时，社会的行业、职业和工种的划分也更加详尽。社会精细化的分工使得不同岗位的要求千差万别，人们为了找到一份可以胜任的工作，就需要有针对性地掌握相应的理论和知识，而大学教育的基本职责就是为社会各行各业培养具有专业理论知识和能力的人才。由此可以得出，当今社会大学生要想找到一份工作必须具备扎实的专业知识和技能，这是他们在社会上立足的根本。

专业知识向专业能力的转化需要通过共同化、外化、结合与内化专业知识的过程来实现，其中主要以通过组织活动与完成四种知识的转化过程为主要方式。通过组织活动实现专业知识向专业能力的转化是指通过对专业知识的学习，进而明确在实践活动中的内在需求，通过组织活动实现专业能力的知识体系的建构，然后利用持续改变存在于组织活动中的隐性的和显性的知识，完成知识的不断延伸、发展与循环，在这一连续的过程中产生专业能力。同时，通过知识的转移，也就是沟通、处理、应用等过程，实现由个人层次的知识转移到群体层次，也就是知识由个体向群体的转移。

（二）专业能力形成及向创业能力的转化发展

本文所指专业能力是指“创业者在其创业领域中基于创业行为需要所表现出的个人基本特质与相关的专业知识、工作技能、工作态度与行为等表现”。也就是指创业者在创业过程中所具备的创业能力包括在产业团队与创业活动中，为胜任产业团队的任务所需要的个人特质及专业知识、创业中工作能力、创业行为等。这些专业能力会影响最终创业活动中创业者的绩效与创业结果。因此，本文将创业能力研究中的大学生创业的专业能力认定为一般性专业能力与技术型专业能力两大类。即创业能力的内涵主要有两大方面：一是创业者先天所具备的潜在特质，如动机、人格特质与态度等，二是为更好地在后天的创业活动中取得成绩而准备的知识与技能等。这些行为特质将最终影响创业者的专业能力与创业成功。

在创业前期准备的过程中，创业学生通常会发现，通过学习已经掌握了一定的可以解决某一问题的知识，但是却缺乏将其转化为在实践中解决问题的能力。但在学校教育与创业实践活动的指导下，学生通过借助老师的课堂教导与以学校为主的创业实践活动，能将知识与能力间互相渗透，形成一定的解决创业过程中所出现的问题的能力认知结构体系，实现将专业知识向专业能力，乃至创业能力的转化。大学生创业者的专业知识是指大学生创业者在开展创业活动前所具备的以智力形式所存在的知识，如专业技术知识、商务知识、市场知识等。是以来自教育与经验中的认识为基础的，为完成某一特定工作所具有的特殊认识与知识。

这些知识会在大学生参与创业活动的过程中产生影响，是对基础知识的具体应用或对储备知识所进行的综合性整合。基于大学生创业所呈现出的特点可以发现：以教师的教学指导以及学校的创业实践培训为基础性的创新创业能力培养体系，以教育与实践的方式将学生所学习的知识与问题之间进行沟通与联系，将学生的知识转化为能力，借助学校的创业指导，外化为创业能力。

创业者的专业知识是其从事创业行为的基本条件，而将相应的专业知识用于社会生产和实践的过程和外在行为的表现就是专业能力，所以专业知识是创业的必备素质。但专业知识的掌握并不一定促进能力的提升，专业能力的提升是多方面共同作用的结果。专业能力的提升主要表现为专业能力较好的创业者更容易在创业活动中发现潜在的创业机会，专业能力较弱的创业者想要发现同样的机会创业则需要付出更多的努力；创业者的专业知识需要经过组合与交换的过程产生。专业知识组合是将获取到的知识与经验等要素通过重新组合进而获得全新的适合创业发展需要的专业知识体系。创业者通过对不同学科的知识、理论与技术组合创造出新的知识，创业者对自身已经掌握知识的组合也是专业知识产生的途径。专业知识的交换是指当创业者们所拥有的知识资源被不同的创业者所拥有的时候，专业知识的交换便成了创业知识再造的先决条件。创业者在团队内通过创业知识的交换与互补，新知识产生的过程也是创业团队合作的过程，创业团队在专业知识产生的过程中起着重要的作用；创业能力是有着明显的实践性和创造性的综合能力，是将自身掌握的理论、知识、技能、思维等融合在一起向实际生产力转化的能力。少了专业能力与专业知识的大学生创业行为必将是“无本之木”。

二、高校本科生创业能力及其绩效：基于多元回归模型和贡献率的分析

创业能力是大学生通过不断学习和锻炼之后所具备的一种创业型人

力资本，对其创业企业获得较高的经济效益有着至关重要的作用。创业教育的结果表现在两个方面，即创业能力的生成和创业经济绩效的产出，其中创业经济绩效是创业能力的一种外在的表现。本文的目的是通过创业成长绩效这一结果来分析创业成功的大学生不同维度能力对创业成功的贡献率。在抽样调查进行的过程中，采用我国已创业的2019届普通高校本科毕业生作为样本数据，最后筛选出合格有效的样本2040份。之后对大学生创业需要具备的企业的创业绩效及创业能力开展详尽的分析和深入的研究，采用基于逐步回归分析的多元线性回归模型以及基于拟合优度的Shapley值分解的方法，探究大学生不同维度的创业能力对企业成长创业绩效的影响关系。

针对大学生成功创业者的内涵定义为，创业成长过程中已经获得利润的企业组织机构。大学生创业绩效为创业企业目标的达成度，通过分析将创业绩效分为生存绩效、成长绩效（可以分为未来获利能力及多项财务指标的增长）和创新绩效三种，通常包含年均营业额度、年均收入纯利润、资金投入与运转、企业发展规模、市场占有份额等因素。我们知道，作为拥有较高专业素质的大学生是开展国家科技创新和进步的重要力量，该群体所具备的理论优势、科研素养、拼搏精神和创新意识在很大程度上决定着我国创新型国家的建设进度。2019年中国大学生的创业率已经达到3%，相当于欧美发达国家大学生创业者总人数的2倍，成功创业是培养未来具有国际竞争力企业的基础，也是促进我国未来经济快速增长的重要推动力之一。

创业的道路并非一帆风顺，而是充满了风险和挑战，对于普通高校的本科生而言，要想创业成功，其自身要有较强的创业能力，创业能力的强弱对于新创企业的成立、发展以及运营过程中各种突发问题的处理都至关重要。在我国大力倡导创新创业的大背景下，各大高校的教育体系正发生着深刻的变化，其中以培养学生创业能力为核心的创业教育体系逐步发展形成。在国家的大力倡导下，大学生的就业理念发生了重要的变化，那么通过各高校创业教育体系的培养，大学生的创业能力究竟达到了什么水平？创业能力的不同结构内容对初创企业的创立、运营又有着什么样的作用？本文将对普通高校创业本科生的创业能力进行分析和考察，其中重点关注创业大学生创业能力的结构组成以及该组成结构对创业成长绩效的贡献程度。

（一）文献梳理及研究假设

1. 关于创业能力的研究

创业能力是本文的主要研究内容，其与创业活动息息相关，涉及企业的创立和发展，因此对创业能力的相关文献进行梳理十分重要。

自 21 世纪以来，国内外学者对创业能力的概念采用定性和案例研究法从组织与个体两个层面进行了研究。基于个体层面的研究中，Man 等（2008）把创业能力看作创业者的先天能力①，Thompson（2004）把创业能力看作创业者有效、成功地完成工作的特质。② 基于组织层面的研究中，Rule 和 Irwin（1993）把创业能力定义为组织新想法、新观念的手段和方法。③ 还有学者如唐靖和姜彦福（2008）运中探索性因子分析法，得出创业能力是由机会识别、开发能力和运营管理能力构成等④；刘杉杉（2011）指出，创业能力包括创业所需的专业能力、经营管理能力与综合能力等。⑤

综合众多学者的观点，本文认为无论是从个体层面还是从组织层面来阐述创业能力，创业能力都是一种为创立、发展、运营、管理新型企业所必需的一种复合能力。鉴于此，我们可以将创业能力界定为适应创

① Man T W Y，Lau T，Chan K F.The competitiveness of small and medium enterprises：A conceptualization with focus on entrepreneurial competencies［J］. Journal of Business Venturing，2002，17（2）：123-142.

② Thompson J T.The facets of the entrepreneur：Identifying entrepreneurial potential［J］. Management Decision，2004，42（2）：243-258.

③ Rule E U and Irwin D W. Fostering intrapreneurship：Thene new competitive edge［J］. Journal of Business Strategy，1993，9（3）：44-47.

④ 唐靖，姜彦福. 创业能力概念的理论构建及实证检验［J］. 科学学与科学技术管理. 2008（08）：52-57.

⑤ 刘彬彬. 本科生创业教育的实证研究［D］. 南京师范大学. 2011.

业活动需求的、有助于新创企业赢得创业绩效的由不同维度组成的一种能力，其维度主要分为：创业者特质、机会把握、企业运营和团队管理等多个方面。

2. 关于创业能力与创业绩效的关系

创业者的创业过程中，创业能力的大小对企业创业绩效的提升有着密切的关联，而关于创业绩效概念的界定和创业能力对创业绩效的影响方面的研究，在近几年被越来越多的学者进行探讨。沈超红等（2011）在文献梳理与企业访谈的基础上构建结构方程模型，将创业绩效分为了生存、成长、客户信任和员工承诺①；文亮等（2011）将创业绩效定义为创业企业目标的达成度，将其分为生存、成长和创新绩效三个维度，其中成长绩效包括财务指标的增长和潜在获利能力的增长。② 在创业能力与创业绩效的关系研究中，Rasmussen 等（2011）认为创业能力是驱动创业顺利开展并获得创业绩效的关键因素③；卫梦颖（2016）采用创业能力主观评估量表的形式，提出创业能力与创业绩效显著正相关，且不同的创业能力维度会对创业绩效产生不同的影响。④ 陈琼秋等（2017）将企业盈利作为因变量，构建多元回归模型，得出人际综合能力、机遇识别能力、领导执行力、兴趣爱好对创业绩效有显著影响。⑤

基于上述文献的梳理认为，创业是否成功的重要指标是新创企业的盈利状况，同时新创企业的盈利状况也是组成创业绩效的重要维度。所以本文把企业年平均纯利润作为创业成长绩效的指标，并认为创业成长绩效受不同维度的创业能力的影响存在差异性。

3. 现有文献述评及研究假设

通过整理创业能力和创业绩效的现有文献，主要总结出以下三点

---

① 沈超红，王重鸣. 创业绩效结构探索与合约解释［J］. 南京社会科学. 2011（1）：36-42.

② 文亮，刘炼春，何善. 创业政策与创业绩效关系的实证研究［J］. 学术论坛. 2011（12）：128-168.

③ Rasmussen E，et al.The evolution of entrepreneurial competencies：A longitudinal study of university spin-off venture emergence［J］. Journal of Management Studies，2011，48（6）：1312-1346.

④ 卫梦颖. 创业胜任力与初创企业创业绩效关系的实证研究［D］. 中共江苏省委党校. 2015.

⑤ 陈琼秋，郑天翔. 大学生创业能力构成与创业绩效关系的实证研究［J］. 高教学刊. 2017（10）：3-5.

不足：

第一，现阶段针对创业能力的研究多数还停留在概念的界定和结构组成方面，而其如何作用于企业绩效的理解依然是有限的，创业能力对创业绩效影响的研究仍较薄弱；第二，创业能力培养方案对于创业能力的提高和企业绩效的提升十分重要，对于创业者而言，最重要的是培养一些具体能力以获得更高绩效，但是，如何提升创业者的创业能力以达到更高的经济效益方面的研究较少，一定程度上阻碍了创业教育的发展；第三，在创业能力和创业绩效的关系研究中，主要运用描述性统计分析和简单的相关性分析，运用逐步回归分析落实到具体创业能力的研究较少。

由此，本研究提出以下三条待检验的研究假设：

假设一：普通高校本科生的创业能力处于中高层次水平；

假设二：普通高校本科生的创业能力对企业绩效有正向影响作用；

假设三：不同维度的创业能力对企业绩效起的影响作用不同。

本文以 2019 年正在参与创业或曾经参与创业的普通高校的本科毕业生为数据进行研究，利用逐步回归分析和 Shapley 值分解法，首先对普通高校本科生的创业能力水平做出判断，然后考察样本的创业能力与创业绩效的关系，以期从增强创业能力的角度探讨如何激励大学生创业、提高他们的创业绩效。

（二）研究方法

1. 数据来源与样本描述

本研究将 2019 年正在进行创业或曾经参与创业的普通高校的本科毕业生作为调查对象，在整理分析相关文献、访谈调查以及德尔菲专家咨询法的基础上进行问卷调查，问卷主要分为三部分：个体基本特征、创业能力量表以及企业成长绩效，其中，创业能力量表是问卷的主体部分。问卷主要采用问卷星的方式发放和回收，对所有数据完成整理后，对存在缺失和异常等现象的数据进行了人工删除，最终获得有使用效力的样本 2040 份。这些样本数据中男大学生占样本数据的 66.7%，比女大学生样本高 33.4%，这就与我国目前呈现出的男性创业意愿较强烈的事态相吻合。另外，通过统计发现，来自普通本科院校的有效样本数据占总有效样本数据的 59%，来自研究型大学的有效样本数据比普通本科院校低 18%。综合以上数据，随机抽取样本和分布情况具有代表性。

2. 变量说明及测量工具

（1）解释变量 Y——年平均纯利润

基于对创业绩效的相关文献整理，本研究将创业企业的年平均纯利润作为创业绩效的考察指标，即为本研究的解释变量。调查以“2018 年贵企业的平均纯利润为______万元?”为题设立填空题，被调查者在空格中尽可能准确地填写创业企业的平均纯利润，该变量数据为连续型变量。

（2）被解释变量 $X_i(i=1,2,\cdots,7)$——7 个维度的创业能力

基于对创业能力的相关文献整理得出：创业能力是由不同维度的多个能力构成的。于是本研究将不同维度的创业能力作为考察指标，采用自我评估法进行考察，具体维度主要采用德尔菲法确立。主要步骤为：①第一轮调研，由在创业教育与管理工作战线上有丰富工作经验的 12 名人员组成评审专家组，由专家针对创业能力的组成要素进行逐步分析，得出创业能力的维度；②第二轮调研，针对上一次的调研情况，各位专家删除分歧比较大的内容，然后补充、保留意见比较一致的内容；③第三轮调研，对第二次的结果进行再一次的讨论和审阅，将专家意见比较一致的内容作为最后的结果。通过以上三轮的调研将创业能力划分为 7 个维度：①机遇判断与把握能力。②战略规划与实施能力。③组织设计与团队管理能力。④沟通协调与文化建设能力。⑤资本运作能力。⑥技术转化与应用能力。⑦市场风险防范能力。将以上 7 项作为被解释变量，依次为 $X_1 \sim X_7$，具体见表 3-1。

表 3-1 变量说明

分类	变量名称	变量符号	变量说明
解释变量	年平均纯利润	Y	连续型变量
被解释变量	机遇判断与把握能力	X_1	离散型变量，取值为 1~5
	战略规划与实施能力	X_2	离散型变量，取值为 1~5
	组织设计与团队管理能力	X_3	离散型变量，取值为 1~5
	沟通协调与文化建设能力	X_4	离散型变量，取值为 1~5
	资本运作能力	X_5	离散型变量，取值为 1~5
	技术转化与应用能力	X_6	离散型变量，取值为 1~5
	市场风险防范能力	X_7	离散型变量，取值为 1~5

7 项维度创业能力的测量主要通过标准的 Likert 量表实现，被调查者通过主观自评的视角，对自己在多大程度上具备相应能力的判断做出选择，依据非常不符合到非常符合依次赋予 1~5 分。结构效度方面：用 KMO 和巴特利（Bartlett）球形检验值的结果进行分析，数据显示量表的 KMO 值为 0.929，为“优秀”的水平。另外，Bartlett 球形检验结果得到的自由度为 21，显著性概率值为 0.000，说明可进行因子分析。另外，在信度测试方面，本量表的克隆巴赫 Alpha 值为 0.945，表示内部一致性较高，信度非常好。

3. 相关性检验

在模型构建之前，还需要对以上所述的 7 个被解释变量之间存在的相关性进行检验（见表 3-2），以便可以判断严重的多重共线性存在与否，为选择数据分析方法奠定基础。

表 3-2 被解释变量相关系数表

变量	X_1	X_2	X_3	X_4	X_5	X_6	X_7
X_1	1.0000						
X_2	0.7939**	1.0000					

续表

变量	X_1	X_2	X_3	X_4	X_5	X_6	X_7
X_3	0.7865**	0.8005**	1.0000				
X_4	0.7482**	0.7802**	0.7920**	1.0000			
X_5	0.6326**	0.6262**	0.6321**	0.6091**	1.0000		
X_6	0.6861**	0.6879**	0.6805**	0.6519**	0.7121**	1.0000	
X_7	0.7198**	0.7229**	0.7018**	0.6740**	0.7060**	0.8139**	1.0000

注：**表示 $P<0.05$，即在0.05水平上显著。

当多个被解释变量之间的相关系数大于0.8且通过了显著性检验，就表示被解释变量之间存在多重共线性。由表3-2可知，X_2 与 X_3 的相关系数与 X_6 与 X_7 的相关系数都高于0.8，且通过了显著性检验，其他变量之间相关系数都接近0.8，可以初步判定被解释变量之间存在多重共线性。

4. 数据处理与模型构建

被解释变量之间存在多重共线性，且根据本研究的研究目的，选用逐步回归分析法构建多元线性回归模型。逐步回归分析法与其他的多元回归方法的区别是：该方法会自动地将各个被解释变量依次加入回归模型中，每多增加一个变量就可以生成一个回归模型，然后对该回归模型进行变量检验和模型的 F 检验，新加入的变量是否合理、是否可以保留要看其是否可以通过显著性检验。如果通过了显著性检验，新加入的变量就可以保留，否则剔除该变量，将以上步骤依次反复进行，直到没有显著的变量可以加入模型为止，最终可形成仅由显著性被解释变量组成的、消除多重共线性的最优线性回归模型。现将线性回归模型方程设定如下：

$$Y=\beta_0++\beta_1X_1+\beta_2X_2+\beta_3X_3+\beta_4X_4+\beta_5X_5+\beta_6X_6+\beta_7X_7+\varepsilon$$

在上式中，β_0 为常数项，$\beta_i(i=1,2,\cdots,10)$ 为各个被解释变量的回归系数，ε 为残差项。

经过上述逐步回归分析方法可得到最优回归模型，即得到影响解释变量（即年平均纯利润）的显著被解释变量（即各项创业能力），然而，每一个显著的创业能力对企业年平均纯利润有着不同的影响作用。为研究其具体的贡献率，本研究采用基于拟合优度 R^2 的 Shapley 值分解的方法获得各被解释变量的贡献率数据。基于拟合优度 R^2 的 Shapley 值分解法是一种建立在回归方程之上的方法，即计算回归方程的拟合优度 R^2，然后逐一地剔除某个被解释变量观察回归方程中 R^2 的变化，观察存在不同解释变量的回归方程的 R^2 的变化，R^2 减少得越多则说明该变量对解释变量变化的贡献率越大，又因为 R^2 的减少程度与该变量的边际贡献成正比，所以本研究计算各个被解释变量的边际贡献和贡献率，以得到各创业能力对平均纯利润差异解释的贡献份额。

（三）实证研究

1. 不同维度创业能力的描述性统计分析

创业能力关系到创业者创立企业的生存和发展，是促进企业获得经济效益的有力支撑。首先通过 STATA 25.0 统计软件，对被调查者的 7 项创业能力平均得分进行描述性统计计算，了解普通高校本科毕业生各创业能力的平均水平，具体数据见表 3-3 了解其创业能力的平均水平。

表 3-3　7 项创业能力的平均得分

创业能力维度	平均得分	标准误差	得分范围
机遇判断与把握能力	3.78	0.021	1~5
战略规划与实施能力	3.76	0.021	1~5
组织设计与团队管理能力	3.79	0.020	1~5
沟通协调与文化建设能力	3.84	0.021	1~5
资本运作能力	3.66	0.021	1~5
技术转化与应用能力	3.66	0.022	1~5
市场风险防范能力	3.64	0.021	1~5

注：平均得分均保留小数点后两位；标准误差保留小数点后三位。

可见，各项能力的得分取值范围为 1~5，因而将 1~1.99 分划归为低水平；2~2.99 分划归为中下水平；3~3.99 分划归为中上水平；4~4.99 分划归为高水平来评价分析。以上 7 项关于有效样本的创业能力的平均分代表了样本群体的平均创业能力水平。据表 3-3 可知：研究对象的“机遇判断与把握能力”和“战略规划与实施能力”的平均分为 3.78 分和 3.76 分，处于中上等的水平；“组织设计与团队管理能力”和“沟通协调与文化建设能力”的平均分为 3.79 分和 3.84 分，这两个维度的得分明显高于其他维度，说明创业团队在组织设计、管理及沟通和文化建设方面得到了良好的培养。“资本运作能力”的平均得分仅仅只有 3.66 分，在所有能力中处于最低水平，说明该方面的实践经验欠缺；“技术转化与应用能力”平均得分为 3.66 分，说明普通高校的本科生将理论与实践结合的能力相对较高；“市场风险防范能力”平均得分为 3.64 分，属于众多能力中的中等层次水平。

综上，7 个创业能力维度的平均得分均在 3.5 分以上，且不同维度之间的得分差异不大，标准误差均在 0.2 以上，说明该数据的解释力较高，也说明了研究对象的创业能力整体位于中高水平，且基本做到全面发展。在此基础上，本文将运用逐步回归法探讨创业能力与创业成长绩效的影响关系。

2. 基于逐步回归法的创业能力与创业成长绩效的实证研究

利用软件 STATA 24.0 进行模型构建，用逐步回归分析法引入 X_1 机遇判断与把握能力、X_2 战略规划与实施能力、X_3 组织设计与团队管理能力、X_4 沟通协调与文化建设能力、X_5 资本运作能力、X_6 技术转化与应用能力、X_7 市场风险防范能力，共计 7 个被解释自变量，Y 为年平均纯利润的解释变量，依次自动构建了回归模型，将筛选标准设置为显著性为 0.05，对因变量创业绩效没有影响的自变量进行了剔除，从而得到最优回归模型。在最优回归模型中，所有自变量对因变量的解释程度达到了最高 16.14%，这一数据说明最终回归模型的拟合程度处于较高水平。该模型的 ANOVA 分析见表 3-4。

表 3-4　ANOVA 分析

最优回归模型	平方和	自由度	均方	F	显著性
回归	874.021	6	145.670	61.735	0.000
残差	4797.096	2033	2.360		
总计	5671.117	2039			

由表 3-4 可知：最优回归模型的回归平方和、残差平方和为：874.021 和 4797.096，回归自由度和残差自由度为 6 和 2033，且 F 统计量为 61.735，显著性 P 值为 0.000，说明该模型通过了显著性检验，即所有被解释变量对解释变量的解释均具有显著性。继续分析该模型中的被解释变量的相关系数值，如表 3-5 所示。

表 3-5　最优回归模型被解释变量系数表

变量	回归系数	标准误	t	显著性
常量	-0.0405686	0.1474	-0.28	0.783
X_2：战略规划与实施能	0.1307641	0.0559612	2.34	0.020
X_5：资本运作能力	0.2682586	0.0569452	4.71	0.000
X_7：市场风险防范能力	0.3501552	0.0596186	5.87	0.000

注：解释变量 Y 为年平均纯利润。

据表 3-5 中的变量列可知：经过了逐步回归分析法的自动剔除不显著变量后，被剔除的被解释变量共 4 个：X_1 机遇判断与把握能力、X_3 组织设计与团队管理能力、X_4 沟通协调与文化建设能力和 X_6 技术转化与应用能力，说明这 4 个被解释变量对解释变量（即年平均纯利润）并不存在显著性的影响。而最后保留在最优回归模型中的被解释变量共 3 个，它们依次是：X_2 战略规划与实施能力、X_5 资本运作能力和 X_7 市场风险防范能力，说明这 3 个被解释变量对解释变量（即年平均纯利润）有显著性的影响。

继续观察表 3-5 中各解释变量的回归系数、标准误、t 统计量以及显著性检验 P 值，数据显示：战略规划与实施能力的回归系数为 0.131，为正数，说明战略与实施能力越高，所在企业获得的年平均纯利润就越高。另外t统计量为2.34，显著性P值为0.02 > 0.00，说明该战略规划与实施能力对年平均纯利润的影响较为显著；资本运作能力的回归系数为0.268，为正数，该数据表示资本运作能力与创业企业的年平均纯利润存在正相关关系，即资本运作能力越高，年平均纯利润越高；t统计量为4.71，显著性P值为0.00，说明资本运作能力对年平均纯利润的影响非常显著；市场风险防范能力的回归系数为0.35，为正数，说明随着市场风险防范能力的提高，较高的平均纯利润的获取就更容易，且t统计量为5.87，显著性P值为0.00，这一数据表明市场风险防范能力对年平均纯利润的影响非常显著。综合所有被解释变量的标准误均为0.06，说明与实际情况相差不大，该数据可以很好地说明情况。

据表3-6的变量系数表，可以得出通过逐步回归分析法构造的最优多元线性回归模型，方程表达式为：

$$Y = -0.04 + 0.131X_2 + 0.268X_5 + 0.35X_7$$

采用STATA 25.0继续对上述最优回归模型进行Shapley值分解，市场风险防范能力、资本运作能力和对战略规划与实施能力对企业年平均纯利润变化的贡献率进行分析，由此可以更加详细地观测到不同维度创业能力对创业成长绩效的贡献率差额，以便为大学生创业者和创业教育提供客观、直观的科学依据。详见表3-6。

表3-6 基于拟合优度 R^2 的Shapley值分解结果

被解释变量	Shapley值	贡献率
X_7 市场风险防范能力	0.057	35.40%
X_5 资本运作能力	0.041	25.47%
X_2 战略规划与实施能力	0.063	39.13%
总计	0.161	100.00%

由表3-6可知，对于已创业的普通高校本科毕业生来说，他们的市场风险防范能力的Shapley值为0.057，对企业年平均纯利润变化的贡献率为35.40%，这一数据说明：该能力的提升对创业企业获得较高平均纯

利润有着相对较高的解释力度；资本运作能力的 Shapley 值为 0.041，对企业年平均纯利润的贡献率为 25.47%，这一数据表明：研究对象的该能力越高，对获得较高的企业平均纯利润有较高的推动作用，且推动贡献率与市场风险防范能力所差无几；战略规划与实施能力的 Shapley 值为 0.063，对企业年平均纯利润的贡献率 39.13%，说明战略规划与实施能力高的普通高校本科毕业生创立的企业获得较高的平均纯利润更容易。上述三个维度的大学生创业能力特质，直观地反映出其对创业企业成长绩效的不同影响程度的差异性。

3. 研究结论与建议

本研究主要采用基于逐步回归分析的多元线性回归模型以及基于拟合优度 R^2 的 Shapley 值分解的方法，对研究对象的 7 项创业能力与企业年平均纯利润之间的关系进行了实证研究。通过研究筛选出战略规划与实施能力、资本运作能力和市场风险防范能力三个对企业年平均纯利润具有显著影响的创业能力，并分别计算了三个能力的影响贡献份额，也体现出大学生不同创业能力对企业成长绩效贡献的大小。总结实证研究结果，主要得到以下四条研究结论：

(1) 市场企业年平均纯利润受市场风险防范能力的影响非常显著

对于创业大学生而言，市场风险防范能力在整个创业活动中起着重要的作用，是实现企业盈利和创业成功的重要支柱。市场风险防范能力高的创业者可以根据世界环境和国家的经济走势进行自身所在行业的发展判断，并结合竞争对手的发展态势，对企业的运营进行调整，获得更好的收益。另外，市场防范能力使个体及时防范来自竞争企业的直接或间接的恶意竞争手段，防止企业内部核心技术的泄露，确保与友好合作伙伴的关系维持以及企业内部团队员工的结构稳定，这同样对企业的正常运营、利润获取有重要的影响作用；市场防范能力使个体及时关注国家基本战略方针的发布，尤其使与自身企业相关的法律法规，如行业政策法规等的变化，并及时应对相应变化而引起的市场风险，以上的内容对企业的生存和发展至关重要。结合表 3-3 可知，现阶段下已创业的普通高校本科毕业生其市场风险防范能力的平均得分在众多创业能力中不高，说明市场风险防范能力依然不足，由此说明，现阶段下普通高校虽逐渐实行以创业能力培养为主的创业教育，但对于市场风险防范能力的培养尤为不足，使学生缺乏相应的能力实践经验，这会对创业企业的盈利水平产生较大的影响。普通高校可以加大校企联合培养的力度与广度，与企业合作建立以“创业企业竞争”为主题的创业模拟课程，使本科生在发挥自身专业知识本领的同时，鼓励其将产品纳入小型市场中进行项目运营，与其他团队进行合理的市场竞争并增加市场风险的经验，提高市场风险防范能力。

（2）企业年平均纯利润受资本运作能力的影响比较显著

资本运作能力是创业者所要具备的核心能力，该能力确保了创业企业可以顺利地创立、发展和运营，是实现成功创业的有力支撑。资本运作能力高的个体，深入了解产融互动对项目和企业发展的重要意义并实现创业产品项目获得风险投资的关注和支持，利用金融资本促进企业的快速发展。当产业技术发展到一定程度不能满足企业的经济效益需求时，创业者可以通过各种渠道与金融资本取得联系，通过与金融机构的商议引入金融机构的资金，并探讨金融机构以参股、控股或其他方式参与企业的运营，资金的引入可以解决企业自身资金短缺带来的发展迟缓等问题，充足的资金有利于企业抓住行业黄金期实现快速发展，从而提升企业盈利能力和水平。另外，资本运作能力的个体也会时刻保持与资本市场的紧密联系，促进资本之间的有效合理运营以产生更大的经济效益，经济效益的取得又能有效地防范资本风险，这也说明，当市场风险防范能力与资本运作能力结合得越好，就越有利于企业获得更高的平均纯利润。据表 3-3 可知，市场风险防范能力平均得分是所有能力中最低的一项，说明本科毕业生在该类能力方面的培养明显不足。因此，高校通过多种方式拓宽对大学生创业的经济支持，给予优秀的创业本科生一定的成本投资，提高本科生的资本运作能力。

（3）企业年平均纯利润受战略规划与实施能力的影响显著

战略规划与实施能力对于已创业的本科毕业生来说，是整个创业过程中的先导环节，它促使创业者宏观把控创业的基本方向，并根据创业目标合理制定创业基本策略，是创业企业获得经济效益实现成功创业的重要前提。战略规划与实施能力高的个体，可以有效结合市场的发展趋势及需求，统筹自身所具备的全部内容，综合利用自身全部信息材料指定可以取得最高经济效益的创业企业发展战略与决策，战略规划与实施能力是一种将创业者的自身情况、创业企业的运营状况等信息与国家的经济环境、行业的发展周期进行综合分析和运筹的能力，这种能力是站在更高的维度去思考和布局，它不仅影响着创业企业的当前运营，更关系着企业的长久发展。另外，战略规划与实施能力高的个体不仅具备战略决策的能力，同样可以将战略目标落实到位，对创业企业发展规划的实施流程及时进行监督，确保每一环节均落实到位，从而可以确保企业短期发展与长远发展相结合、长远发展与战略目标相匹配，使得企业少走弯路，向着既定的目标持续前进；战略规划与实施能力高同样保障了个体及时根据市场的发展变化做出最新的战略改变，市场不是一成不变的，进而战略发展目标同样不是一成不变的，只有将企业与社会经济市场需求保持一致，方可实现企业的经济盈利，提高企业的平均纯利润。据表 3-3 可知，战略规划与实施能力属于所有能力得分中的第四位，这也说明了该能力依然不足，普通高校对于战略规划与实施能力方面的培养依然不足。普通高校在本科生创业教育课程体系中可以增加战略规划等方面的实践内容比例，鼓励本科生积极组织创业，使每一位参与创业实践的本科生均拥有可以进行团队战略规划的机会，进而培养战略规划与实施能力。

（4）其余维度的创业能力对于企业年平均纯利润无直接的显著性影响

最优回归模型构建之后，将与企业年平均纯利润无显著影响的机遇判断与把握能力、组织设计与团队管理能力、沟通协调与文化建设能力和技术转化与应用能力进行了剔除。分别来说：机遇判断与把握能力代表的是创业者的发现机会、把握机会、创业机会的能力，而对于本研究的解释变量年平均纯利润来说，机会的把握对企业经济效益的获取影响不大；组织设计与团队管理能力代表的是创业者合理调整内部人员结构的能力，沟通协调与文化建设能力代表的是创业者营造团队内部气氛，增强团队凝聚力和向心力的能力，这两项能力仅对于创业企业的内部团结，人员的运转或流失等产生作用，对于企业平均纯利润影响不大；对于技术转化与应用能力是创业者将专业背景、知识储备进行整合形成可以转化的技术，进而将自主研发的技术与社会主义市场需要相结合取得产业成果的能力。诚然，现阶段下的普通高校本科毕业生具有优秀的创新创业产品技术的较多，但最终真正实现成功创业，取得优秀的年平均纯利润的却较少，表明企业平均纯利润受技术转化与应用能力的影响不显著。据表 3-3 可知，以上四项能力的平均得分在所有能力中分别位于第三、第二、第一和第五位，说明研究对象这四个方面能力比较高，这也与当前形势下普通高校的创业教育更注重这些因素的培养有关。

结语：进而言之，大学生创业者不同维度的创业能力对企业成长绩效的贡献率的影响有很大的差异，这些不同的创业能力特质，需要政府和高校给予高度重视，如此才能根据实际情况制定符合大学生的创业政策，对于普通高校来说，创新教育是训练大学生创业意识和创业能力的重要抓手，创业能力是本科大学生实现创业企业生存与发展的关键人力资本。从实证研究结论来看，提高创业企业的平均纯利润需要：加强对对市场风险防范能力、资本运作能力以及战略规划与实施能力的培养，高校在制订创业教育教学计划时要考虑学校与企业的充分结合，形成学校理论体系的优势与企业实践体系的优势相互配合的创业教育体系，让学生有机会体验、实践企业运营过程中的种种风险和挑战，为学生自主创业打下良好的基础，鼓励本科生以自身专业为依托，紧跟时代步伐和行业发展趋势，仔细思索创业项目的战略方向、资金运转以及各种风险的防控问题，从而帮助大学生从理论逐步走向实践，助力大学生创业成功率的提高。

三、研究生创业能力及其绩效：基于实际创业者 Ologit 回归模型分析

在国家创新创业的大力倡导及高校大学生“互联网+”大赛的带动下，我国研究生创新创业问题引起了政府和社会的高度关注，高校研究生的创业能力水平究竟如何？本文以 2019 年我国实际创业的研究生为随机样本，筛选后获取有效样本量为 1426 份。其中，男性占总样本的 40. 5%，女性占总样本的 59. 5%；在院校层次方面，普通本科院校占总样本的 4. 3%，研究型院校占总样本的 85. 7%。本文通过研究高校研究生不同维度创业能力的特征，着重分析其不同能力对创业企业经济纯利润的影响程度。

本文认为创业能力指研究生创业活动胜任力，即在接受高校专业知识与专业能力教育和培训的基础上，所形成的创业知识和能力与创业活动的密切结合，从而生成的创业实践能力；创业绩效通过实际创业活动将自身具备的创业能力转化为创业实践的过程中，所产生的经济效益，也可以称之为创业绩效。研究生进行创业的创业绩效可以看成创业企业设定的各项经济目标的完成度，它是创业教育所形成的创业能力的最终结果，可从三个维度进行划分：生存绩效、成长绩效（可以分为未来获利能力及多项财务指标的增长）和创新绩效三种，主要包括：年均营业额度，年均收入纯利润，资金投入与运转，企业发展规模，市场占有份额，员工收入及增长，企业未来发展前景等因素。研究生创业一般是初创企业，因此考察创业绩效的内容主要是针对创业成长绩效，其核心指标之一即“创业企业纯利润”。本文分析不同维度的研究生创业能力，主要通过这个核心指标建构 Ologit 回归模型进行衡量和分析。培养高层次人才是高等教育的重要办学目标，尤其是体现在高质量的研究生人才培养

方面。研究生创业水平是一个国家大学生创业竞争力的显著性标志之一，那么，在我国政府和高校高度重视创业的背景下，有哪些维度能力因素影响研究生的创新创业效果？本文在抽样调查实际创业研究生的样本数据基础上，利用 Ologit 回归模型进行了定量分析，以期充分挖掘创业能力与创业绩效的内在关系。

（一）样本描述与研究设计

1. 数据来源与样本描述

本文研究对象为实际创业的高校研究生，以 2019 年正在参与创业或曾经参与创业的研究型大学、普通本科院校的研究生创业情况为研究数据。本次调查主要采用问卷星的形式发放问卷，面向全国东北部、东部、中部以及西部的 30 个省份的研究型院校以及普通院校，具有一定的全国代表性。在回收调研数据之后，依次对缺失值、异常值进行了剔除，对同意义选项合并并对不同方向数据同向编码，最终获取有效样本共计 1426 份。其中，男性占样本总量的 40. 5%，女性占样本总量的 59. 5%；硕士研究生占样本总量的 48. 7%，博士研究生占样本总量的 51. 3%，可以看到在性别、学历方面的数据较为平均。然而，在院校层次方面，普通本科院校占总样本的 4. 3%，研究型院校占总样本的 85. 7%，研究型院校的实际创业研究生远远多于普通本科院校，一方面因为研究型院校的研究生在数量上本身就远高于普通本科院校，另一方面也说明了研究型院校的研究生更具有显著性。

2. 变量说明及测量工具

本文主要研究目的是考察高校实际创业研究生的创业绩效受创业能力的何种影响，基于此，将创业企业的年平均纯利润设为因变量，将高校实际创业研究生的各维度创业能力设为自变量进行研究。

（1）因变量 *Y*——年平均纯利润

年平均纯利润指的是：高校研究生所创业的企业在 2019 年的平均纯利润。被调查者根据创业企业的实际盈利情况选择平均纯利润所在的范围，该变量属于有序分类变量，具体取值见表 3-7。

（2）自变量 X_i——7 个维度的创业能力

高校实际创业研究生的创业能力维度划分主要采取德尔菲专家咨询法确立，具体步骤为：①第一轮调研，由在创业教育与管理工作战线上工作的 12 名人员组成评审专家组，由专家对针对创业能力的组成要素进行逐步分析，得出创业能力的维度；②第二轮调研，针对上一次的调研情况，各位专家删除分歧比较大的内容，然后补充、保留意见比较一致的内容；③第三轮调研，对第二次的结果进行再一次的讨论和审阅，将专家意见比较一致的内容作为最后的结果。基于德尔菲专家咨询法将创业能力划分为 7 个维度：①机遇判断与把握能力。②战略规划与实施能力。③组织设计与团队管理能力。④沟通协调与文化建设能力。⑤资本运作能力。⑥技术转化与应用能力。⑦市场风险防范能力。将以上 7 项作为自变量，依次设为 $X_1 \sim X_7$，具体取值见表 3-7。

7 项维度创业能力的测量主要采取自评量表法，使用标准的 Likert 量表实现。被调查者通过主观自评的视角，对自己的创业能力做出选择判断。另外，在本量表的结构效度方面，KMO 值为 0.963，处于“优秀”的水平，说明创业能力测试量表的内容结构设置较好；在信度方面，本量表的克隆巴赫 Alpha 值为 0.933，属于“高”水平，说明创业能力测试量表的内部一致性较高，比较可靠。

表 3-7 变量说明

分类	变量名称	符号	变量说明
因变量	年平均纯利润	Y	有序分类变量。10 万元以下为 1，11 万～50 万元为 2，51 万～100 万元为 3，101 万～300 万元为 4，301 万～500 万元为 5，501 万～1000 万元为 6，1000 万元以上为 7

续表

分类	变量名称	符号	变量说明
自变量	机遇判断与把握能力	X_1	有序分类变量，从非常不符合到非常符合分别取值为1~5
	战略规划与实施能力	X_2	
	组织设计与团队管理能力	X_3	
	沟通协调与文化建设能力	X_4	
	资本运作能力	X_5	
	技术转化与应用能力	X_6	
	市场风险防范能力	X_7	

（3）数据处理与模型构建

本文因变量取值是一个从 1 到 7 的有序分类变量，分别表示依次提高的企业年平均纯利润范围，如果运用最小二乘回归分析以及二元或多元 Logistic 回归分析都不能获得较好效果，使用 Ordered logistic（简称 Ologit）回归模型可获得更加合理、精确的结果。为剔除不显著的自变量并消除多重共线性，本文研究主要采取逐步回归方式构建最优 Ologit 回归模型。首先，将 7 个自变量自动引入回归模型，每多增加一个变量就可以生成一个回归模型，对该回归模型进行变量检验和模型 F 检验，若通过显著性检验即保留加入变量，否则剔除该变量。将以上步骤依次反复进行，直到没有显著变量可以加入模型为止，最终形成由显著性自变量组成并消除多重共线性的最优 Ologit 回归模型。具体模型设定如下：

$$Y = \beta_0 + \beta_1 X_1 + \beta_2 X_2 + \beta_3 X_3 + \beta_4 X_4 + \beta_5 X_5 + \beta_6 X_6 + \beta_7 X_7 + \varepsilon$$

在上式中，β_0 为常数项，$\beta_i (i = 1，2，\cdots，10)$ 为各个自变量的回归系数，ε 为残差项。

Ologit 模型的回归系数不能反映影响程度，只可以表示影响的方向。因此，本研究通过优势比（Odds Ratio）代表 Ologit 模型中自变量对因变量的影响程度。

（二）实证研究及分析

1. 不同维度创业能力的描述性统计分析

本研究运用 STATA 15.0 统计软件，对高校实际创业研究生 7 个维度创业能力平均值进行了描述性统计，各维度创业能力平均水平见表 3-8。

表 3-8　7 项创业能力的平均分值

创业能力维度	平均分值	标准误差	得分范围
机遇判断与把握能力	4.19	0.021	1-5
战略规划与实施能力	4.17	0.021	1-5
组织设计与团队管理能力	4.19	0.021	1-5
沟通协调与文化建设能力	4.18	0.021	1-5
资本运作能力	3.85	0.019	1-5
技术转化与应用能力	4.21	0.020	1-5
市场风险防范能力	4.15	0.021	1-5

注：平均得分均保留小数点后两位；标准误差保留小数点后三位。

据表 3-8 可知，7 项创业能力的平均分值存在着差异，具体来看：

（1）技术转化与应用能力平均分值最高，为 4.21 分，标准误差为 0.02。说明高校的研究生可以将理论知识与技术实践进行有效的转化与结合；

（2）机遇判断与把握能力、组织设计与团队管理能力这二个维度的平均分相等，为 4.19 分，位列第二位，说明高校的研究生能够找准创业机遇并正确把握，对于创业团队的组织管理具有较高的经验与技能；

（3）沟通协调与文化建设能力的平均分值为 4.18 分，排名第三，说明高校的研究生语言表达能力较强，可以有效协调团队内部以及企业与市场、社会的关系，且具有一定的文化建设技能；

（4）战略规划与实施能力的平均分值为 4.17 分，排第四位，说明高校的研究生在抓准市场机遇的同时，也可以正确规划创业企业的战略内容，并将其落实到位；

(5) 市场风险防范能力的平均分值为 4.15 分，处于第五位，说明高校研究生的该项能力在众多创业能力中相对较弱，对创业过程中的市场风险评估、管控经验不足；

(6) 资本运作能力是众多能力中平均分值唯一低于 4 分的一项能力，为 3.85 分，说明高校研究生不能很好地进行技术资本、人力资本以及金融资本的有效运作。

总体来看，7 项创业能力的平均分值均在 3.8~4.3 区间内，可以说明高校研究生创业能力总体处于中高水平状态。那么，各项创业能力又是怎样影响创业企业的平均纯利润的？下文将构建 Ologit 回归模型，进一步研究创业能力与年平均纯利润的关系。

2. 创业能力与年平均纯利润的实证研究

本文利用 STATA 15.0 进行逐步回归的自动剔除，依次引入 X_1 机遇判断与把握能力、X_2 战略规划与实施能力、X_3 组织设计与团队管理能力、X_4 沟通协调与文化建设能力、X_5 资本运作能力 X_6 技术转化与应用能力、X_7 市场风险防范能力共计 7 个自变量，并将 Y 年平均纯利润设定为因变量，以显著性 P 值 0.05 位筛选标准，依次剔除对因变量无显著影响的自变量，最终得到最优 Ologit 回归模型。

根据回归结果可知，模型的 Prob> chi2 = 0.000，即整体显著性 P 值远远低于 1%，且 Pseudo R^2 = 0.1366，为所有回归模型中最高，即说明该模型的拟合程度处于较高水平。最优 Ologit 回归模型的自变量系数表如表 3-9 所示。

表 3-9 最优 Ologit 回归模型自变量系数表

变量	Coef. 回归系数	Odds Ratio 优势比	Std. Err. 标准差	Z 检验值	P 显著性
X_2 战略规划与实施能力	0.732	2.080	0.205	7.44	0.000
X_7 市场风险防范能力	0.447	1.564	0.152	4.61	0.000

续表

变量	Coef. 回归系数	Odds Ratio 优势比	Std. Err. 标准差	*Z*检验值	*P* 显著性
X_6 技术转化与应用能力	0.420	1.522	0.154	4.14	0.000
X_4 沟通协调与文化建设能力	0.390	1.476	0.133	4.32	0.000
X_5 资本运作能力	0.380	1.462	0.141	3.95	0.000

注：因变量 *Y* 为年平均纯利润，回归系数、优势比以及标准差均保留小数点后三位。

从表 3-9 可以看出，对企业年平均纯利润无显著影响的变量通过逐步回归分析进行了自动剔除，被剔除的维度为：X_1 机遇判断与把握能力、X_3 组织设计与团队管理能力，说明这两项能力年平均纯利润的提升没有特别显著的影响。而 X_2 战略规划与实施能力、X_4 沟通协调与文化建设能力、X_5 资本运作能力、X_6 技术转化与应用能力和 X_7 市场风险防范能力的 *P* 值均为 0.000，在 1%的显著水平下都通过了显著性检验，对年平均纯利润有显著影响。据各自变量的回归系数，可得到最优 Ologit 回归模型，如下：

$$Y = 0.73X_2 + 0.39X_4 + 0.38X_5 + 0.42X_6 + 0.447X_7$$

具体分析表 3-9 可知，5 项创业能力对年平均纯利润的影响结果分别为：

（1）战略规划与实施能力：这一能力变量的回归系数的具体值为 0.732，该系数为大于零的数，说明该能力对平均纯利润起正向影响作用，Odds Ratio（优势比）为 2.08，该数据说明在其他变量恒定不变的情况下，随着高校研究生该能力每提高 1%，那么，相应的平均纯利润提升的可能性就会提高 2.080%，该维度的创业能力影响值为最高，说明该项能力对年平均纯利润的影响作用最大。

（2）市场风险防范能力：该能力变量的回归系数具体值为 0.447，数值显示为正数，说明该能力对平均纯利润起正向的影响作用，而 Odds Ratio（优势比）为 1.564，表示研究对象的市场风险防范能力每提高

1%，平均纯利润提升的可能性就会提高 1.564%，和其他能力横向对比其对年平均纯利润的影响作用处于第二位。

（3）技术转化与应用能力：对应变量的回归系数为 0.420，Odds Ratio（优势比）为 1.522，说明高校研究生的技术转化与应用能力越高，那么，创业企业获取的年平均纯利润就越高，表示技术转化与应用能力每提高 1%，年平均纯利润提升的可能性就会提高 1.522%，和其他能力横向对比，其对年平均纯利润的影响作用处于第三位。

（4）沟通协调与文化建设能力：其变量的回归系数为 0.390，Odds Ratio（优势比）为 1.476，说明高校研究生的沟通协调与文化建设能力越高，那么，企业获取的年平均纯利润就越高，其表现为沟通协调与文化建设能力每提高 1%，年平均纯利润提升的可能性就会提高 1.476%，和其他能力横向对比，其对年平均纯利润的影响作用处于第四位。

（5）资本运作能力：对应变量的回归系数为 0.380，Odds Ratio（优势比）为 1.462，表明了高校研究生的资本运作能力每提高 1%，则创业企业获取年平均纯利润的可能性就会提高 1.462%，和其他能力横向对比，其对年平均纯利润的影响作用处于第五位。

总体来看，5 个创业能力变量的优势比标准差在 0.13~0.21，说明以上数据均可以很好地说明实际情况。

（三）主要结论及建议

当前，在创新创业驱动广泛发展的社会新形势之下，高校加大了对研究生创业教育的培养力度，高校研究生创业意识越来越高，然而，创业企业的平均纯利润仍存在着一定的提升空间。本文以创业企业的年平均纯利润为因变量，高校研究生的创业能力为自变量，通过构建最优 Ologit 回归模型对影响年平均纯利润的创业能力进行量化分析，得到了以下几条主要结论：

1. 战略规划与实施能力对企业年平均纯利润的影响非常显著

高校实际创业的研究生在创业过程中，企业战略目标的确立、规划与实施是最重要的一环。具备战略规划与实施能力的研究生，在抓住市场机遇的同时，也需要将其与自身信息结合起来，制定企业在未来发展过程中需要达到的基本目标，明确创业目标有助于对加强企业运营手段、措施等方面的实施。同时，在企业发展过程中进行有效、合理的监督与审核。战略规划与实施能力使研究生从目标、规划、实施三个角度密切结合，是企业获得纯利润所必须具备的创业能力。从实证结果看，研究生创业者这种能力的优势比数值最高为 2. 080，说明这是影响创业企业最主要的能力特质。

2. 市场风险防范能力对企业年平均纯利润的影响显著

在创业过程中，市场风险防范将直接影响到企业盈利，创业者具备市场风险防范能力才能时刻关注与企业相关的国家战略政策、法律法规的情况，并根据政策和市场变化来制定相应的企业战略。实证结果显示：研究生创业者的市场风险防范能力和优势比值为 1. 56，说明这种能力较好地回避了市场风险并获取盈利。

3. 技术转化与应用能力对企业年平均纯利润的影响显著

高校实际创业研究生选择创业领域大多是高新技术产业，与在校科研项目以及专业理论知识密切相关，技术转化与应用能力促使研究生创业实践技术转化。本项创业能力优势比为 1. 522，说明研究生有能力将新兴科学技术流向应用市场，转化成满足市场变化需求的创业成果。

4. 沟通协调与文化建设能力对企业年平均纯利润的影响比较显著

高校实际创业研究生具备强烈的团队合作意识，可以带领团队成员沟通协调，有助于创业团队的凝聚力与向心力。从描述性统计以及回归模型结论看出，研究生创业者的沟通协调与文化建设能力较强，优势比值为 1. 476，对创业企业获利有一定影响。

5. 资本运作能力对企业年平均纯利润的影响比较显著

资本运作能力是一种可以影响创业企业发展速度的重要能力，良好的资本运作能力帮助创业者很好地融合企业资金和金融资金，从而使企业的资金流动、配置进一步优化，抓住行业上升期去实现最大效率的企业发展。回归结果显示：研究生创业者资本运作能力的优势比为 1.462，说明创业者利用市场法则与资本市场，抓住机遇期，通过资本运营而获得经济效益增长。

6. 部分创业能力对企业年平均纯利润无显著影响

研究表明，机遇判断与把握能力、组织设计与团队管理能力对企业年平均纯利润没有显著性的影响。当然就获取经济效益来说，以上 2 个能力是创业过程中不可缺少的部分，而从对纯利润的影响程度而言，在回归模型中无显著性影响。

基于实证研究结论的逻辑角度，建议我国高校创新创业教育，需要结合研究生创业能力的特征，分析总结创业教育的存在问题着力点和今后努力的方向，加强创业教育的针对性和实效性改革，这样才能更好地推进创业教育迈上新台阶。

第四章

Chapter 4

问题研判：我国创新创业教育政策的主要问题

在教育部2021年10月9日举办的媒体发布会上，据教育部高教司司长吴岩介绍，2020年经过对我国市场发展监督管理总局备案的创新统计和我国普通高校学生学籍和学历的比较，2015—2020届大学生中共有创新学员54万余人，据统计，仅六届大赛的四百余个金奖项目，就拉动学生就业达到了50余万人。以上数据可以表明，我国高校创新创业教育政策落实层面已经取得了显著的成效。创新创业的教育已经由“小众”走向了“大众”，这种变化促进了中国教育从理念创新、培养制度革新、教育制度创新，也培养了更多的能够敢于挑战、擅于创新、具有创新精神的新青年。

在看到成绩的同时，我们也必须清醒地认识到，今天的中国已经进入全面以创新驱动高质量发展的新阶段，坚定实施科教兴国战略、人才强国战略，为到2035年总体实现教育现代化，迈入教育强国行列，推动我国成为学习大国、人力资源强国和人才强国，为到21世纪中叶建成富强民主文明和谐美丽的社会主义现代化强国奠定坚实基础。我们必须全面构建高质量教育体系，全面构建起全覆盖、多层次、个性化的高质量创新创业教育体系。但是，与我国的国家发展战略和发展目标相比，与国际创新创业教育已有的先进经验相比，我国高校创新创业教育发展仍面临着一系列的阶段性问题，急需我们正确地认识、科学地研判、深入地分析、有效地解决。

一、比较研究：国际创新创业教育发展状况与主要经验

21 世纪，信息和知识的新经济时代已经到来。新的时代需要的人才素养已经发生了转变，人才培养要求被赋予了新的特色和新的使命。在当代社会，创新发展受到人们前所未有的重视。国家的强大和进步与创新发展密不可分。经济、科技迅猛发展趋势、高等教育人才培养方式的深刻变革对高校学生的创新创业能力提出了更高的要求，这不仅仅是这个时代赋予大学生的期待，也是中华民族伟大复兴的历史伟业赋予高校和大学生的光荣使命。在我国政府颁布的关于创新发展战略的相关政策中，提出了关于提高优质教育、促进高校创新创业能力的意见，越来越多的院校开始注重加强对学生创新精神的培养。积极支持大学生通过创新创业，为国家基础研究和科技创新贡献智慧，为推动高质量发展和现代化强国建设贡献力量。

当前，世界各国都越来越注重创新创业教育。政府和高校已经越来越将创新创业教育摆在优先发展地位，创新创业教育已成为新时代人才培养方式变革的主要途径和趋势之一。我国创新创业教育的发展相对于西方国家起步较晚，教育的模式和理念仍在探索完善阶段，在其实践过程中也遇到了诸多问题和困难。研究国外高校创新创业教育发展状况和存在的问题，将有利于我们借鉴其他国家经验，构建完善我国高校创新创业教育体系，促进大众创业和万众创新。本部分将主要采用比较研究和文献研究方法，梳理美国、英国、日本、澳大利亚、新加坡以及印度等国家创新创业教育发展的概况以及经验，为研判问题提供比较的视角。

（一）国际创新创业教育发展概况

1. 美国创新创业教育发展概况

美国是首个对大学生进行创新创业教育的国家，历来重视培养学生

的创新创业精神，经过多年发展，其高校教育模式已经实现从教学研究型到创业型的转变，在创新创业领域取得多项重要进展，积累了丰富经验，形成了较为全面的创新创业教育体系。根据《全球创业观察报告》（2013）的数据，美国的创业率通常高于北美、欧洲和亚洲其他发达国家。研究发现，影响美国创新创业精神的因素主要有法律政策、课程体系和平台建设等外部环境以及个人和家庭内部因素两大主要方面。

（1）法律体系

从美国经济发展的历程来看，美国政府实行的一系列干预措施发挥了举足轻重的作用。当前，全球化不断深入，各项科技发展迅猛，全球处于用知识创造经济的阶段。与传统垄断经济和以资本为主导的经济状况不同，当前市场结构逐渐转向创业领域，市场绩效向创新能力过渡。政府注意到这一动态变化，推行各项政策，支持个人进行创业，通过创业提供更多就业岗位，振兴经济。为了促进及保护新兴中小企业的发展，美国国会先后颁布了一系列反垄断的法律法规。1890 年颁布的《谢尔曼反托拉斯法》是美国的第一部反垄断法律，该法共八条，明确了某种垄断属于严重的犯罪行为。1914 年分别制定并通过了《联邦贸易委员会法》和《克莱顿法》，在之前法律的基础上增加了消费者权益保护相关条款，进一步明确了垄断行为的范围，限制合并行为。美国于 1936 年和 1937 年分别颁布了《罗宾逊帕特曼法》和《米勒泰丁斯法》，目的是帮助小商铺和小企业抵抗连锁商店和大型企业的恶意竞争和垄断行为。从世界范围来看，美国率先颁布了小企业基本法。20 世纪 50 年代，参议院设置了专门小组负责小企业法案的起草工作，而后国会通过《小企业法》，该法案正式出台，对政府和小企业的职能和关系进行了界定，赋予了小企业法律地位，要求政府鼓励小企业的发展，并给予一定支持，减少垄断，保护自由竞争市场并于 1953 年设立联邦小企业管理局专门用于推动小企业的发展。《小企业投资法》于 1958 年颁布，规定联邦小企业管理局需要负责成立小企业投资公司，管理小企业金融业务，为小企业投入一定数量的资金。1964 年，《机会均等法》通过，该法旨在为成立之初的小企业提供平等的贷款机会，以此解决其资金链缺口问题。

自1972年以来，美国创新创业领域进入多样化的立法阶段。在这一阶段，有关创新创业的法律呈现出多样化特征，与1972年以前的法律相比，现阶段有关法律数量迅速增加，法律保护的内容也呈现出多层次的特点，除了继续保持过去反垄断、支持保护小企业发展以外，还加入了新的领域，如政策上鼓励企业创新，减少税收，增加政府补贴；经济上，放宽银行贷款条件；社会上，打造良好的创新创业氛围。在这一时期，美国于1980年颁布了《小企业经济政策法》，规定美国总统每年需向国会提交小企业调查报告。除了对总统提出要求外，国会专门设立了保护小企业从业者的法律，即《小企业从业人员所有制法》，给予小企业中大股东平等地申报贷款的权利。为了减少小企业所受的政府管制，《监管灵活法》在国会通过。综合上述方面，美国以法律形式不断完善、补充其对小企业的保护。为了支持小企业的发展，美国于1982年推出专门的小企业复兴大纲，制定了《小企业开发中心法》。这两项措施让小企业获得了更多的研究项目，并以法律形式促进其研究成果向商业领域转化，从而使小企业获得丰厚的经济利益。此后有关提供资金支持、贷款便利、加强小企业研究成果等方面的法律法规陆续出台。近年来，美国对小企业政策主要集中于金融方面。例如，2010年颁布的《小企业就业法案》和2012年推行的《创业企业扶助法》在不同程度上为小企业贷款、融资、税收等金融层面提供便利扶助。

2016年，为了适应小企业近年来不断变化的发展环境，解决其面临的新问题、新挑战，更好适应时代变化，满足其最新需求，美国《小企业法》经过修订，对1953年版本在内容上进行了大幅修订。与旧版本相比，新版《小企业法》在立法背景、立法目的、调控方向和调控手段上都有不同。从立法背景角度来看，1953年版本主要遏制大企业垄断，保护自由市场；新版侧重解决小企业如今面临的自身经营困难问题。竞争环境已经存在，当前需要解决的问题是如何帮助小企业在激烈的竞争环境中生存下来。立法背景出现变化，待解决的问题不同，因而立法目的也出现了变化。旧版关注如何为小企业提供平等自由的竞争环境，而修订版侧重于解决小企业的经营、管理、税收、环保等细节问题，更多从政府角度出发，研究如何就具体层面为小企业提供定向支持。其调控方向也从宏观向微观转变，调控手段由间接扶持变为直接提供金融政策、税收减免等多层次、多样化的手段，以帮助小企业在日新月异的竞争市场中站稳脚跟。从美国对创新创业领域的政策发展历程来看，政府及时适度的支持的确为企业的发展提供了重要的保障作用，从法律和管理机构方面对创业公司的方方面面进行了规定，呈现出完善的支持体系。

（2）课程体系

创业教育是一个全新的教育理论。该理论由联合国教科文组织提出，旨在追踪21世纪国际教育发展。从宏观层面来看，高校创业教育旨在培养学生的创新创业精神，开设不同类型的课程，从而提高学生综合素质和创业能力，提高技术水平、人际交往能力和抗压能力等；从微观层面讲主要在于使学生具有独立创办公司的技能。学生系统学习完高校的创业课程和相关实践训练之后，可以直接进行创业。在创业的过程中，学生可以充分利用自己在校期间获得的知识、能力和技术，选择自筹资金、技术入股或者寻求合作等创业方式创立自己的公司，从而实现创业带动就业，在缓解大学生就业压力的同时促进社会经济的整体发展，丰富创业主体多样性。美国高校创业课程体系经历了三个阶段：萌芽阶段（1947—1970年）、发展阶段（1970—1990年）以及成熟阶段（1990年至今）。美国创业教育起源于哈佛大学。20世纪50年代，哈佛大学在其工商管理专业设立企业管理类课程，标志着美国创业教育的开端。几年之后，纽约大学也设立了此类创业课程。从此，美国创业教育正式踏上发展之路，但此时的创业教育课程设置还比较单一，内容较为单薄。20年后，出于缓解通货膨胀、经济危机以及失业率居高不下的状况，美国出现了首部创业题材出版物《工作生产过程》，提出不再仅仅依靠大企业发展经济，转向对就业和经济发展更有利的小企业，因此人们将注意力转到了个人创业领域。为了能够创业成功，就要接受创业教育。此时，美国创业教育进入发展阶段。高校顺应这一趋势，开设了更为丰富的创业课程。随着经济全球化的深入，各国经贸往来日益密切，企业面临愈加激烈的竞争，核心技术对企业的发展越来越重要，因此企业为了提高其核心竞争力，就要吸纳具有创新思维和创业能力的人才。为了顺应企业的这一发展趋势，填补就业市场对创新创业人才的缺口，逐步提高创业教育的比重，甚至将其作为高校发展的特色和重点，教育体系不断完善，呈现出多样性，标志着创业教育进入成熟阶段。

美国高校具有完整的创业教育课程体系。就课程目标而言，美国大学开设的课程的目标是使学生具备创业精神，了解特定行业的知识背景，将学生培养成具有创业经验的全面发展人才。经过系统的教育训练，学生能够顺利进行创业，达到较高的创业成功率，提升创业必备的抗压抗挫折能力。值得注意的是，美国高校课程目标并不是一成不变的，而是灵活多变的。选修课、专业课课程不同，理论课和实践课同样设置了个性化发展目标。从课程内容来看，美国高校创业课程数量繁多，种类丰富，层次清晰，涉及理论课、实践课。课程针对不同层次的受众分为不同级别，对本科生、研究生和博士生进行有针对性的授课。在课程模式和实施方面，美国高校充分发挥各院系资源优势，既有集中发挥商学院等创业重点对象优势的“聚焦模式”，又有集结院系特色的“开放模式”。授课形式丰富多样，突破了授课的局限，融入了校企合作实习、创业竞赛、成功企业家来校讲座等方面。此外，师资力量也是创业教育的重要一环。美国目前专门在内部培养研究创业教育的博士生，加强在校教师培训，使其获得与时俱进的创业动态和知识，同时也从外部聘请实践经验丰富的企业家作为导师。通过这种理论和实践相结合的教育方式，有利于化解学生在校教育与实践脱轨的风险。

（3）创业者特征

2008 年全球金融危机严重打击了美国经济发展，受此影响，近年来就业形势愈加严峻。如何解决就业难问题，如何提振国家经济成为人们普遍关注的焦点。越来越多的人意识到创业既可以解决就业问题，又可以促进经济发展，因此近年来，个体创业者行为和人格特征成为研究领域关注的热点。

哥德堡（Goldberg）建立了一个五维框架来描述一个人的众多特征，主要内容涉及经验开放性、责任心、性格外向性、亲和性和性格稳定性。研究人员试图用人格特征来解释创业行为，但发现人格特征与创业行为和创业成功之间的关系十分复杂。以往研究结果的不确定性使得研究人员开始怀疑五大人格特质是否过于笼统，因此一些研究人员试图通过更具体的特质来解释创业行为。目前已有的这些分析对企业家和管理者进行了区分，企业家在责任心和经验开放性方面得分高于管理者。目前的研究并没有试图得出“企业家人格”应该包括哪些要素，而是试图从人格特征，即五大人格特征的角度理解从产生创业意图到真正实施创业行为或者最终没有实施创业行为这个过程中所发生的变化。

尼古拉兹布茨（Nikolaus T. Butz）研究了勇气对美国学生创业意图的影响。该研究引入了勇气，将其作为一种潜在的机制。通过研究勇气这种人格特征与创业意图相关性。研究结果证实，勇气与创业意愿之间存在显著的正相关关系。研究还发现，勇气与亲和性和责任心均呈显著正相关。相反，勇气与性格稳定性呈显著负相关。研究者把参与者分为高勇气组和低勇气组，高勇气组参与者的创业意图平均得分显著高于低勇气组的参与者。除此之外，与低勇气组相比，高勇气组在愉悦感和责任感指标上平均得分较高，而情绪稳定性的平均得分低于低勇气组。该研究表明，越有勇气的人越容易产生创业意图，其亲和性和责任心也更强，但是相对于勇气不足的人群来说，其情绪容易出现波动。创业意图在有关创业的研究中将继续保持核心地位。随着学者对创业意图及其影响因素研究的深入，高等教育机构会采取一切措施降低大学生企业家初创企业的失败率。鉴于勇气可以促进创业意图的形成，进而影响大学生创业行为，因此未来高校应营造有利于培养学生勇气的学习氛围，实现更多就业成功案例。学生创业不仅能够解决学生个人就业问题，还可以为当地提供更多就业岗位，从而推动当地经济发展。

2. 英国创新创业教育发展概况

英国在全球创新创业领域处于领先地位。形成了系统的、全面的创新创业教育体系，涉及政策和资金支持、课程体系和师资队伍、网络资源与文化氛围等。

（1）政策及资金支持

为了提升高校创新创业教育水平，英国政府推行了积极的保障政策。1987 年英国政府开始对本科生实行创业教育，目的是培养大学生的创业能力，使学生可以将此类能力运用到未来的真实创业环境当中。自 1990 年开始，英国政府设立专门机构、建立创业企业，促进了创业教育的发展。英国政府于 1991—1995 年间颁布了《高等教育的框架》《法拉第合作伙伴计划》和《关联计划》。这些文件均强调校企合作对于促进学生创新创业能力培养的重要性。校企合作不仅能提高在校生的素质，使高校创新创业教育与实际需求接轨，还有助于企业降低其筛选人才的人力资本，招聘到具有创新能力的高校人才，为企业注入新鲜活力。

政府除了在政策方面为大学生创业提供了一定支持外，还从机构设置上加强对初创企业的保护，成立了多个管理机构，旨在从不同角度为大学生成功创业提供保障。英国国家创新创业教育中心（National Centre for Entrepreneurship in Education，NCEE）于 2004 年成立，是英国教育部支持下的政府机构。该机构专门负责引导监督英国大学生创新创业教育的发展，其前身为英国国家大学生就业创业指导委员会（National Council for Graduate Entrepreneurship，NCGE），2014 年英国教育部将 NCGE 正式更名为 NCEE。英国 NCEE 的主要职能包括：组织世界创业型大学领导力培训项目、全球创业教育者培训项目以及召开全球创业教育者大会。具体来讲，创业教育中心通过培训大学生领导团队以及向全球优秀创业者请教经验等方式，提升创业者必备素质和创业能力，鼓励大学生积极创业。NCEE 经过多年发展，在促进大学生创新创业方面成效显著，在此过程中，该机构总结出宝贵的促进创新创业教育的经验，不仅对欧盟各国创新创业教育做出了杰出贡献，而且对其他各国同样具有借鉴意义。除此以外还有英国创新创业教育者协会，该协会是英国双创教育工作者组成的非营利性独立联盟机构，代表英国高校双创教育工作者为政府献言荐策，并在欧盟、经合组织和联合国等国际舞台上发声。英国政府的很多部门都有一些科技研发任务。2009 年成立的商业、创新与技能部也属于政府核心部门，目前主要负责宏观科技政策的制定与管理。同时为一些大学和其他公共研究机构的科研创新项目提供政府公共资金支持。英国政府建立了名为“双重资助体系”的公共科研资助体系，商业、创新与技能部在管理科研经费的分配方面担任统领角色，具体执行部门为研究理事会和高等教育基金委员会。目前经费主要用于支持大学与研究机构的基础科研活动。根据高校研究水平排名，高等教育基金委员会为高校提供数量不等的创新教育基金和经费，用以鼓励高校进行创业课程发展与相关科研工作。

（2）课程体系

经过多年发展，英国高校创新创业课程体系愈加完善，将不同学科联系起来，实现深层次发展，创业教育实施的过程中完善课程体系，涉及课程开发、困难援助、创业追踪等全面多元化的教育模式。英国具有丰富多样的课程类型，学校间课程安排和课程类别也不尽相同，既包含创新创业、创业管理和技术转移管理类课程，也有学校开设专门课程鼓励女性、少数民族、残障人士等加入创新创业队伍。

首先，高校创业教育课程在线开发。英国高校中一门课程的开发涉及多个不同的主体参与，区域内多所高校共同参与网上课程开发，通过增加创业课程数量、提高初创企业质量以及建立校企联系，加强校企合作等多种途径共同打造开发平台，形成资源互补、评价体系完善、能够带来稳定商业价值的创新创业系统。其次，将高校创业教育课程与校外指导相联系。这些校外指导包括就业指导、创业实践指导、商业衔接、科技转化、专利、投资与贸易等。通过结合多方面的校外指导，可以使大学生将校内所学知识运用到创业实践中，在创业过程中遇到困难还可以获得有针对性的创业指导。最后，将理论与实践联系起来。英国创业教育注重理论与实践的结合。校内课程与校外创业实践双管齐下，高校学生创业热情高涨，创业意向突出，学生无论是否参加校内专门开设的专业创业课程，都能从实地创业实践中获得创业知识，提高团队合作能力，吸取教训，总结经验。

（3）师资队伍

创建优秀的教师队伍对于深入推进创业课程体系建设，进一步提升创新创业课程质量，提升学生创新创业素质与能力发挥重要作用，是英国高校在创新创业教育领域取得成果的重要原因。优秀的师资队伍是推动英国高校创新创业发展的重要力量。

英国高校创新创业课程授课教师对所授课程持有不同目的。一类创业课程教师的目的是促进学生今后真正实现创业，另一类创业课程教师的目的是让学生完成相应创新创业课程后能够具备创业精神即可。经过对这两类授课教师背景的调查，发现两类教师的身份地位和背景存在显著差异。在持有真正实现学生创业目的的教师队伍中，有21%为兼职讲师；在具有使学生具备创业精神的教师队伍中，有7%为兼职讲师，前者是后者的三倍。值得注意的是，在鼓励学生真正进行创业活动的授课教师中，有98%的授课教师具有商业管理的实战经验，有70%的教师亲身进行过创业活动。相比之下，在以让学生仅具备创业思维为教学目标的教师队伍中，仅有61%的教师具有管理经验，而有创业经历的教师只占其中的36%。从宏观层面来看，提倡让学生仅获得创业精神的教师其管理经验和创业经历的比例约为提倡让学生真正创业的教师比例的一半。

重视创业类课程授课教师实战经验十分重要。授课教师如果有直接的管理经验，尤其是创办企业的经验，那么讲授此类实践性更强的课程会更容易。同样，如果教师同时是专门的研究人员，那么该教师在讲授有关企业家及其在经济中的作用和研究成果类课程也更容易。这些结果表明，在建设教师队伍时，要注意从专业知识、实践经验等角度选择与特定课程目标最匹配的教师进行授课。理论性更强的课程需要匹配研究型教师，而实践性更强的课程应该匹配具有实践经验的教师，只有这样才能发挥出每位老师的最大价值。

综上所述，优秀创业教师队伍建设应该着眼于以下几个方面。第一，高校在创业类课程教师的选择上应该以具有创业经验和管理经验为标准。英国高校创业教育在这方面相对来说比较成功。英国高校注重培养教师的创业精神，在课程体系中融入创业理念，让创业理念融入教师自身价值观之中，从而形成大学的核心价值体系，首先使教师具有创业意识。创业课程授课教师具有自己创业的经验，使得教师更能将理论知识与个人的实践经验相结合，通过获取最新的国际形势和市场变化及时调整教学内容。第二，英国高校创业教育将不同类型的教师结合起来，在培养好校内原有教师外，不少学校还会邀请来自校外的导师来校指导学生的创业学习。第三，高校应切实做好授课教师激励制度。创业实践周期长，见效慢，对教师的耐心和职业素养都有较大程度的考验，要发挥创业教师指导学生充分进行创业实践的积极性，就要注重建立合理的教师职位晋升制度，根据教师对学生创业实践的具体指导情况进行适当的鼓励和及时的评价。

（4）网络资源

在苏格兰，学校教育体系的各个层面都认为创业教育是一种跨课程教育。也就是说，创业教育仅仅依靠学校难以完成。一些学校提供了创业课程，而在另一些学校中，创业是作为课外活动提供的。由于英国教育系统内的高度自治，地方有权根据当地特点设置创业平台，建立相应的网站，以此降低创业门槛，并为学生提供充分的创业资源。在威尔士，企业家精神教育得到认可，并且已经成为小学“个人和社会教育”主题的一部分。在中学教育中，学校设置了一个单独的必修科目，名为“职业与工作”。

在英国，支持创业教育的项目范围非常多样化，并且有许多运行良好的例子。一些举措侧重于机构，其他举措侧重于个人、教师或学生。根据不同的目标受众，举措的类型也多种多样。其中包括针对教师和学校领导的指导材料，各种计划，针对学生的企业竞赛，在线资源，以及许多包含有用信息的门户网站（如 Enterprise Village 或 Big Ideas Wales），还有案例研究或在线论坛来讨论学生的创业问题。Big Ideas Wales 不仅是一个涉及多方面的免费门户网站，还可以作为支持中心。Big Ideas Wales 收集了最佳实践的示例，同时提供了一系列支持计划（初创企业、热线服务等）。该网站推出了丰富多彩的活动，包括影子公司、创业挑战赛。影子公司在欧美企业界十分流行，这种新的组合模式以合作为主要内容。这种公司不是法人组织，没有常见的组织机构，所以被称为“影子公司”。该门户网站包含许多案例研究，有关企业家提供应对各种情况的指导材料。该网站的目标群体主要是 25 岁左右的年轻人。此外，Creative Entrepreneurship in Schools（CENTRES）是一项国际倡议。该倡议在捷克共和国、丹麦、英国、立陶宛、爱沙尼亚、波兰、芬兰以及斯洛文尼亚均得到了实施。该计划的主要目的是建立一个在线论坛，分享创业教育方面的良好实践。该项目的网站（http：//centres-eu. org/）包含许多来自相关国家的材料、链接和参考信息，也包括许多最佳实践示例，还提供了政策建议。该计划针对中学，来自所有伙伴国家的近 200 所学校都参与了这项倡议。

（5）文化氛围

经过多年发展，英国逐渐意识到创业教育的深入发展需要社会、企业和个人的共同努力。文化和教育相互作用、相互包含，互为目的和手段。文化背景在英国创新创业教育理念的形成中扮演着重要角色。英国的高等教育改革深受英国文化影响，在创新创业教育方面主要表现为：英国注重实事求是，在充分了解国内实际情况的前提下，通过不断实践来总结经验，进而形成具有本国特色的教育理念。高校教师具有较高的积极性，在对课程建言献策方面自由度很大，学生可以结合当前自身知识水平，根据个人兴趣选择相应的创业课程，在课程讨论、发表观点、参与创业活动等方面享有绝对的自由，由此在高校形成了浓厚的创业文化氛围。除此以外，英国为了发展本国经济、提升国际地位，越来越重视人才尤其是具有创新意识的人才培养。此后，创业人才培养逐步成为英国高等教育领域中的必备环节。创业教育的目的是培养学生自主解决问题和自主创业的能力。创业教育不仅可以提高学生自身素质，还可以满足竞争日益激烈的社会对高素质人才的需求。英国高校着手推出一系列措施和倡议，促使学生将无形的理论知识转化为有形的创业成果。

3. 日本创新创业教育发展概况

20 世纪 90 年代，日本科技创新劲头不足，经济发展陷入衰退状态，这迫使日本不得不调整产业结构。通过调研，日本指出恢复经济最重要的手段之一就是促进科技进步和创新创业，以形成和发展新产业。经过多年的努力，日本逐步形成了以“产学研结合”为模式的创新体系。日本政府在整合社会资源，促进技术转让，发展潜力巨大的新兴产业方面也发挥着重要作用。日本政府的政策导向是用科学技术建国，这极大地促进了日本的发展。大量的大学研究应运而生。日本的大学创业教育与企业之间有着紧密的联系。许多研究指出，企业家活动对国家的整体经济增长具有积极作用，如减少失业，创造积极的社会经济活动，也有助于创新技术的产生。

此外，日本长期以来一直致力于为创业教育合作创造良好的环境，用相对宽松的政策促进创新创业的深入发展。自 1999 年以来，为了培养年轻人的创业精神和长远目标，日本将启发性的创业课程纳入小学、初中和高中课程。在《2001 年平沼计划》（即“开拓新市场并创造就业的关键计划”）中，将项目目标定为“十年后，高校中获得的专利数量将增加 10 倍，并使 1000 所学校建立风投企业”。让“创业教育”课程进入每所大学，日本希望通过这种融合的教育和通过对教育系统的长期投资可以有效地获得创业精神教育成果。日本开设创业课程的学校数量大大增加且增速明显。目前日本有 46.1%的大学，即 247 所学校开设了创业课程。在日本，以培养创业精神教育为目标的大学研究生院约占总数的 10%，共有 55 所学校。除正规的教学课程外，与创业相关的计划和活动已达到活动总量的 2%。在大学本科和研究生院中课程设计与活动课程十分丰富。在大学里，大约有 40%的课程中添加了创业教育的相关选修课程。大约有 30%的课程在研究生院开设。调查表明，大约有 40%的大学本科和研究生院中都设置了创业教育课程。但是总体来看，研究生院开设的课程要比大学本科多，大学本科约占 20%，而研究生院约占 30%。

4. 澳大利亚创新创业教育发展概况

澳大利亚国立大学将创新创业课程设置为专业课，强调实践过程。与其他高校不同的是，该大学没有单独成立创新创业类院系部门，创业教育也不是一种急功近利的行为，而是将创新精神作为学生的基本素质之一，是一种需要终身培养的品质。高校内的创新创业课程在评价学生学习成果时更加灵活，不是唯创业成功论。这样的教育理念减轻了学生的创业压力，无论学生是否创业成功，都能在一定程度上具备了创新创业的思维和理念。

澳大利亚创新创业教育的师资队伍比较专业。首先教师数量充足，其次具有完备的培训选拔体系，保证了教师质量。另外学校重视实践能力，在企业选择了经验丰富的指导教师担任学校兼职教师，为学生创业实践提供及时有效的指导。

5. 新加坡创新创业教育发展概况

新加坡非常重视创业且其创业教育十分成功。经过多年的探索与尝试，新加坡已经形成了具有本土化特征的完善的创业教育体系，主要特色为依靠国内资源开展创业教育，新加坡尤其注重创业教育的国际化发展战略。在 1970 年前后，新加坡就已开展职业海外培训计划，将国内优秀青年送往经济发达国家进行专业化学习，在 1990 年前后开始制定了全球化和国际化发展战略，大力培养具有开拓性视野和创业精神的复合型创业人才，并将国际化教育理念融入在国内教育体系中。其中，新加坡高校创业教育课程国际化特征尤为突出。比如，新加坡国立大学通过建立海外学院，为学生提供了大量的海外创业企业实习机会；南洋理工大学的创新与创业硕士课程为学生提供到欧美、亚太地区进行研习和考察机会等。重视国际合作体现在新加坡大学为创业教育的实施提供了优越的国际学习环境。

6. 印度创新创业教育发展概况

印度高度重视高等教育，其高等教育规模在世界范围内名列前茅。如今在美国的硅谷，印度人创办的企业是最多的。印度政府历来重视本国科技发展，将科技发展摆在国家战略发展的地位，以便为民众提供更好的生活条件，满足不同的需求。为了培养出具有科技创新能力的大学生，印度采取了一系列策略。如设立高校专用创业基金，由印度政府财政拨款。近年来，该项基金份额逐步增加，也体现出创新创业在印度国家发展战略中的重要地位。高校转变传统的教育理念，把目光转向市场，以市场需求为导向，培养具有实战能力的人才。各个高校设立了专门的创新创业课程，举办商业计划书竞赛，帮助学生将理论与实践结合，实现从学生身份到创业者的平稳过渡。

此外，为了使学生实践更加便利，加大校企合作，印度在多地大学附近增设科技园区、孵化园，致力于研发新产品和新技术，创造了较高的营业额。高校可以直接参加大型创业比赛，有利于将校内研究成果直接转化为科技产品，实现科研效益最大化。为了规范创业教育的发展，印度设立专门的评估部门，形成规范的国家评价体系。

（二）国外创新创业教育体系建设经验分析

实施创新创业教育有一个重要前提是要有一个良好的创业环境，要想创新创业计划顺利实施，国家和政府必须倡导和营造全社会共同支持创新创业的环境，这样创业教育才能得到全社会的重视，学生们才能更加勇于创新。法律政策的支持和保障可以为大学生创新创业活动保驾护航。无论是从创新创业教育、资金支持还是法律保障等许多方面，美国、英国、日本等发达国家均致力于为高校大学生创新创业提供土壤，为构建良好的创新创业环境而努力。

1. 政府发挥促进作用

以美国为例，在发挥政府对促进创新创业发展方面，美国政府将创业摆在关键发展位置上，不断推出支持大学生创新创业的政策，从国家战略和企业政策角度，不断为创新创业提供相关保障。专门设立创新创业管理机构，负责管理创新创业等相关事宜，从创业资金的筹备、渠道收集、创业咨询等方面，为社会创业营造良好的氛围。美国联邦政府以及州和地方政府，不断制定相关的减税和免税政策。作为协调中心，政府通过调动和汇集人力资源、知识、技术和金融资本，在创新和创业方面发挥了重要作用。第一，建立科学研究基金，加强技术转让，支持大学和其他研究机构的技术创新和营销活动，加强大学的社会服务职能，并促进其相互协作。同时，还为工业发展和经济进步提供高级别的创新人才、创新动机。第二，制定财政政策，吸引社会资金，鼓励金融机构、投资机构和社会团体为大学创业者提供持续的财政支持。第三，建立大学和社会之间的联系网络，并建立资源链接平台，建立专门机构，如小企业创新发展中心，向学生提供诸如企业家指导、财务咨询和技术指导等服务。实施支持创业的公共政策，加强了大学和社会之间的合作。

2. 社会完善融资渠道

公共参与是促进美国学生创新企业可持续发展的动力，这是一个强大的支持。联邦、州和地方各级立法的制定和管理有助于市场的全面和多样化发展。美国的社会资本，动员了许多资源，如金融机构、投资机构、非营利组织和个人团体，在商业活动的各个阶段为大学生提供支持。美国风险资本市场是利用研究大学的创新知识和才能的区域集群的特点，创造了一个与企业通力合作的区域环境，吸引了各种类型的社会资本进行合作。集群发展有助于增加大学生的孵化和创业率，迅速进入金融市场，为大学生与企业家、投资者和消费者建立交流平台，提供企业领导、市场定位和其他有利的优势。

大学生创业投资的高回报率和政府的优惠政策是社会积极参与的重要动机。美国学生创业项目可以吸引社会资本的投资主要有三个原因：第一，大学生拥有专业知识、技术和创新精神，能够为可持续发展提供知识资本和人力资本保护。第二，部分中小企业在开办阶段所需的投资成本相对较低，未来的发展空间很大，回报潜力很大。第三，政府出台了优惠政策，如减税和免税政策，并与之相结合不断改善企业环境，引导和促进社会资本以学生创业为重点寻找合作。

3. 高校提供创新人才

（1）增强创业制度与理念建设

国外高校发挥智库作用，建设和发展创新创业教育具有很多优势。在创新和创业精神方面的研究以及革新成果的转变相对成熟，所有的大学都有自己的特点，建立起一个创新创业学习系统。创新创业教育的概念更成熟、更系统、更受欢迎。

高校创新创业教育以促进学生全面发展为目标，是提高高等学校社会服务功能的重要途径，明确的创新创业教育理念是国外高校深入开展创新创业教育的基础。首先，国外创新创业教育的价值理念与其社会需求紧密结合。从时间维度来看，100 多年前，美国的创业教育就出现了。早在 20 世纪初，著名的美国教育工作者杜威就把务实主义与教育紧密联系起来，并建议促进社会服务职能的不断发展。高等教育和教育社会化，这一趋势在美国各大学逐渐流行。在这种情况下，MIT 第一个提出了学校和企业之间的合作模式，斯坦福大学第一个开发 MBA 创业课程，然后是哈佛大学、百森商学院等。美国的著名大学均开办了创业课程，宾夕法尼亚大学设置创业博士学位。创业教育理念与院校发展目标相契合。例如，哈佛大学商学院定位于培养企业人才，其创新创业注重实战性，课程设置高度系统化和专业化，在学生选拔方面极其严格，并强调创业者特质。瑞典查尔莫斯技术大学作为该国第二大工科类院校，形成了以创新性项目驱动的创新创业教育模式。斯坦福大学一向认为，培养创新思维和创业精神是创业教育概念的基础，因此将培养大学生的创业精神作为其重要使命之一。康奈尔大学的教师和教学计划充分考虑到如何发展学生的沟通能力、批判性思维、业务决策等。

（2）加强创业师资队伍建设

创新创业教育是一门既注重理论知识传授同时也注重实践课程培训的学科，这就对其师资队伍提出了更好的要求。因此，国外的大学非常重视专门的创新创业教师队伍的建设。为加强创新创业教育，不仅是在学校中培养创新创业全职教师，还聘用了在学校以外从事非全时工作的教师。要求专业教师不仅要具备创新创业的理念，而且要求其在创新和创业方面有着丰富的经验和专业素质，能够将创新创业精神纳入适当的专业课程。教师不仅要有能力传授理论知识，还要有能力组织和指导实践。

（3）促进课程体系建设

国外一些大学在发展创业教育时更注重跨学科融合，不仅仅开展必修课和选修课以推动创新创业教育，还将理念注入课程中，在课堂上开展跨学科学习，以提高课程质量。将创新创业教育在人才培养中重新进行定位，着重加强学生素质培养和创新能力提高。

国外大学尤其是欧美地区的学校开设的开放灵活的课程体系，有力地促进了创业教育与大学教育的有效衔接。其开设的创新创业课程体系主要特点体现在三个方面。一是开设创新创业课程体系重视实践。如加拿大高校就注重创业教育的“五大支柱”课程体系，通过该课程体系将课堂、学校和社会结合起来，开展实践教育活动；英国谢菲尔德大学也注重课程与实践结合，比如将课内创业情景模拟和课外创业能力与技巧实践相结合。二是开设创新创业课程体系重视融合。比如，美国的斯坦福大学开设的创新创业课程将文理科结合，提高创业教育的综合性。此外，将高校教育与未来职业教育相结合，力求将各学科融合，互相借鉴，巩固基础。三是开设创新创业课程体系重视教学方式多样性。如美国的斯坦福大学教学方式是将大量的案例与多种多样的课外活动相结合，并加上多种形式的创业讲座、比赛等，这都是国外创业课程体系中的重要组成部分；如谢菲尔德大学大力提倡创业教育的学生参加创新创业研讨会，一起探讨商业计划，并为相关学生提供商业辅导，并且还开发了新的创业游戏，让学生参与实践，提前感受和适应创业模式，以培养学生的创业能力。

（4）营造有利的创业文化

创业文化是非常重要的。对于高校而言，既可以促进其内在发展，同时可以提供友好的外部环境，保障其创业教育的发展。在美国受本土文化影响，创业文化生根在社会发展的过程中。高校的创业文化与国家和地区的文化有紧密的关联，营造有利的创业文化，利于培养学生创业意识培养、提高学生相关知识和技能，并为其创业活动的开展提供保障和支持。通过政校企结合的模式给予大学生参与创业的机会，共享创业资源，提高创业成功率。这有利于让创业型人才接受优越的锻炼机会，提前感受创业历程，加速创业人才和企业发展，提高人才的竞争能力和促进地方经济的发展。

美国的高校普遍提倡独立、平等、进取等精神。这为美国的学生提供了公平竞争的创业环境，激发学生主动创新创业的动力和热情，促进学生养成勇往直前的开拓精神，有助于在高校内部形成热爱创业、积极创业的热潮。高校创业文化的建设主要从制度建设、实践行为和榜样文化三方面体现，因此高校可以创建健全的创业教育体制、建立创新创业奖励机制、举办创业大赛、举行高校间创新创业交流论坛、开发校友资源，请这些成功校友回母校做经验分享，交流心得，提供机遇等，为母校的毕业生们发挥榜样的示范作用。

（5）创设宽松环境

宽松的环境是影响创新创业教育的外部因素，能够保障创新创业教育理念得以落实。只有营造宽松环境才能保证不同背景的创业人才互相学习对方的优点，提高自身的竞争力，在公平的平台上竞争。在营造宽松的环境方面，国外高校主要有以下可借鉴的经验。一是创设宽松的物理空间环境。物理空间主要指各类交流平台、实验设施、孵化器、创业基地等，并将这些空间对外免费开放，降低学生学习创新创业的成本。二是创设公平开放自由的交流环境，创业不是一蹴而就的，也不能依赖偶然的灵感，好的创意和想法必须通过不断的交流与思想碰撞才能实现。国外的创新创业通过案例教学法，促进学生独立思考的能力，并培养他们互相合作和沟通的能力，为学生之间、师生之间提供了平等自由的交流空间。三是创设多元多彩的文化环境。在国外，创新创业不仅仅通过学校教育，还鼓励不同文化、学科背景的创业者通过建立社团，参与创业机构和各类项目共同交流。此外，在国外高校，各类创业平台、比赛、交流会层出不穷，创造了浓厚的创业文化。

二、文献研究：我国创新创业教育发展面临的主要问题

创新创业教育是为满足经济发展与国家发展战略需求而形成的一门教育理念和教学模式，是面向全体学生的教育内容，要融合专业教学，并融于大学全部的培养过程中。对高等学校而言，应当将创新创业教育作为全面提升大学学科建设、深入推进高等院校改革的重要课程，当作提高人才品质、建成“双一流”大学的重要机遇，当作积极服务于创新型国家发展战略的自觉行为，全面予以推动。尽管中国高等院校创新创业教育已进行了有益实践并获得了跨越式的进展，为深入推动中国大学生全面加入中国大众创业活动、万众技术创新，提出了强力保证。但相对于实现创新驱动和高质量发展的国家重大战略要求，与海外发达高校的创新创业教育整体发展水平比较，中国高等院校创新创业教育在政策、院校、学员、社会四大层面上还存在着许多问题，严重制约着创新创业教育的改革发展，因此必须加以认真总结和深入分析，为中国高等院校继续坚持问题导向，提高创新创业教育管理水平指明了奋斗方向。

（一）深化高校创新创业教育改革必须坚持问题导向

习近平总书记的一系列重要讲话，自始至终贯彻了一条很明显的政治理念：问题导向。当代，我国正在转型经济发展和改革过程中积聚起了实现中华民族振兴的巨大动力，但同时也遇到了复杂的社会现实问题和前所未有的严峻挑战。为了保存和弘扬我国特色社会主义，必须强化问题意识、坚持问题导向。发现问题、研究问题、解决问题。这永远是

促进一个国家、一个民族前进健康发展的巨大力量。在保持和弘扬我国特色社会主义文化的工作进程中，我们所必然面对的各种挑战、需要化解的风险、需要克服的各种问题、需要弥补的短板，都是推动事业蒸蒸日上的根本关键。事实证明，谁能更好地发现问题、把握问题以及解决问题，谁就能夺取未来发展的先机和主动权。①

加快高等院校创新创业教育改造工作，是我国落实国家创新能力核心驱动器战略、促进我国经济提质增效转型升级工作的需要，是进一步加快高等教育整体综合改造、促进高等院校本科毕业生更高品质创新性就业工作的重大措施。党的十八大以来对创新创业人才培养工作提出了重大的战略部署，而国务院也对加大创新创业培育提出了明确要求。近年来，高等教育创新创业教育工作不断加强，取得了积极发展，对提升高等教育品质、推进学校全面发展、促进大学毕业生创新就业、服务我国社会主义现代化建设等起到了很大效果。但同时也面临着一些突出问题，主要是在部分地区和院校中重视程度不足，创新创业教育教学理念落后，与多学科教学的结合并不紧密，与实际脱节；教师对实施创新创业教学的意识与能力不足，教学模式方法较简单，针对性实效性不强；教师实施教学平台不足，资金引导与支持不到位，创新创业教学管理体系有待进一步完善。《国务院办公厅关于深化高等学校创新创业教育改革的实施意见》（国办发〔2015〕36 号）中指出："要坚持问题导向，补齐培养短板。把解决高校创新创业教育存在的突出问题作为深化高校创新创业教育改革的着力点，融入人才培养体系，丰富课程、创新教法、强化师资、改进帮扶，推进教学、科研、实践紧密结合，突破人才培养薄弱环节，增强学生的创新精神、创业意识和创新创业能力。"

（二）我国高校创新创业教育亟待解决的主要问题

2017 年 4 月，国务院总理李克强在我国高等学校改革与技术创新讲座会上，指出"创新是推动国家发展和社会进步的不竭动力。……高等

① 贾立政. 在坚持问题导向中开创事业发展新局面，《人民日报》第 7 版，2017 年 9 月 14 日.

教育要着力围绕服务国家创新发展，促进大众创业、万众创新，培养更多创新型人才”。中国人民大学公布的《中国大学生创业报告2020》进行大样本的数据分析调研表明，相较于往年数据分析，我国青年大学生的创业工作意向不断上升，2020年在校大学生群体表达出创业工作意向的比例为历年新高。近三年来，“响应国家政府双创号召”的技术创新动机也进一步跃升。高校毕业生的创新性意向除了受个人或家庭因素的直接影响之外，政府部门和社区对自主创新型创业活动的政策扶持，以及高等院校的创新性理论教学与实践等活动，都对在校大学生的创新性意向、技术创新动机和创造企业绩效等具有重要的正面影响。有鉴于此，本研究将根据我国“科技创新型大国”建设和“人才培养强国”战略要求入手，根据环境对高校毕业生创新性意向形成负面影响的主要原因，来研究当前高校创新创业活动实践所存在的问题，从而探讨与推进高教变革相应的教育原则与实施途径。

1. 核心研究对我国高校创新创业教育问题的研判

随着我国创新创业热潮的全面推进，创新领域、创新模式、创新成果不断涌现。我国高校已肩负起培养创新创业人才的重要使命和责任。尽管我国的创新创业教育发展没有比西方发达国家时间更早，但随着我国的战略规划和政府引导越来越明晰，各政府部门和院校的推动实施更加有力，中国高等教育创新创业教育政策也走上了一种由政策驱动的高速发展之道。在整个社会大众创业、万众创新的良性生态中，高校和有关高等教育组织进一步增强了对创新创业教育的意识，以实践创新精神和素质教育为核心内容，在高等学校的人才培养体系中，逐渐摸索建立了富有我国特点的创新创业教育系统。高等学校创新创业教育理论与实施系统，为国家经济发展奉献出了大量高素质人才与旺盛的创业动力。

中国大学科技创业教育适应全球高等教育的发展，进行了积极的主动探索和创新尝试，不断深化改革取得了一系列成果，呈现出良好的发展态势。学校把发展创新创业教育作为推动高等学校综合改革发展的重要突破口，通过积极探索多样化的培养模式和人才质量建设工程，提高学校办学品质，积极培育优质创新创业人才培养。创新与创业教育逐渐变成了学校创新路上的“指南针”和“领航灯”，成为有利于学生创新发展的“助推器”。[①] 但同时，我国高校创新创业教育在进入全面落实阶段后，与发展目标和预期成效相比，仍存在许多亟待解决的发展性和过程性问题。对此，相关学术研究成果聚焦创新创业教育的问题与对策给予了重点关注。本研究通过对中国知网学术期刊库进行高级检索，以主题含有“创新创业教育”并且篇名含有“问题”为检索条件，限定检索范围为核心期刊或者CSSCI期刊，共检索到文献总数22篇（详见图4-1、图4-2、图4-3）。核心调研表明，当前大学科技创业教育发展面临的主要问题体现在如下方面：

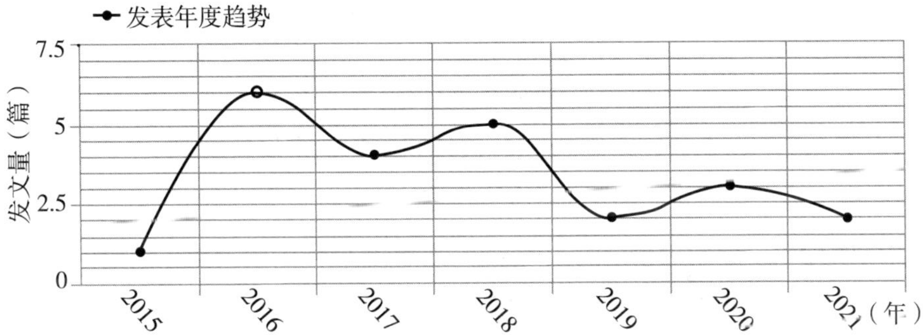

图4-1 创新创业教育问题研究发表年度趋势

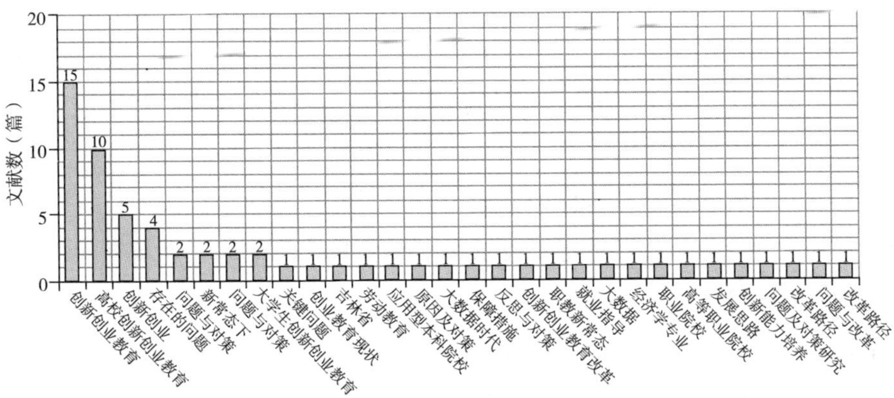

图4-2 创新创业教育问题研究主题分布

① 刘地松. 高校创新创业教育存在的问题及发展思路［J］，教育评论，2017（11）：88-91.

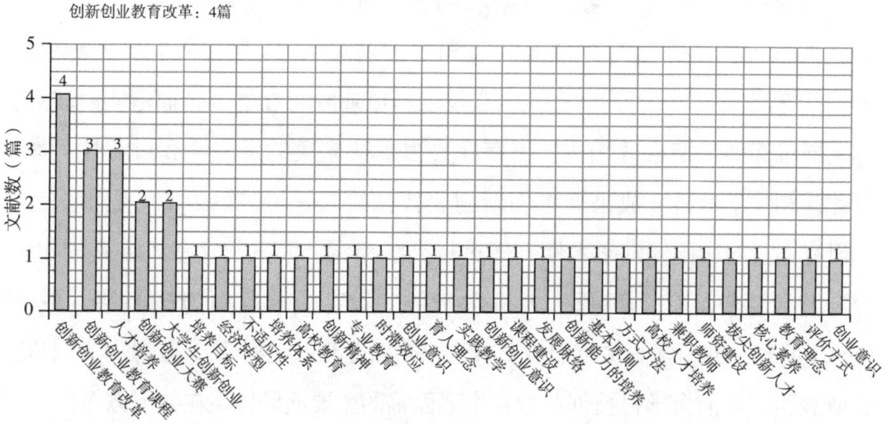

图 4-3 创新创业教育问题研究次主题分布

2. 核心研究聚焦我国高校创新创业教育的具体问题

通过针对以上核心研究成果的梳理和分析，可以发现相关研究主要聚焦我国高校创新创业教育存在的问题，主要包括高校创新创业教育理念、育人体系、课程体系、教师队伍、保障机制等方面。

（1）创新创业教育的理念认知仍亟待深化

教学观念滞后是高等学校在革新创业教学实践中面临的基本问题。目前，大部分高校对大学生革新创业教育意义的认知程度不高、创新型教师培养目标模糊不清、创新型教育的教学理念严重落后，简单化、功利性、表现手法倾向普遍存在。[①] 在国家大力推广“双创”的重大背景下，部分高校对创新创业教学的意义与重要性认知不够。很多高校对创新创业教学的未来发展目标还未能上升到当前实施国家科技创新核心驱动经济发展策略的高度进行正确认知。部分高校单纯地把创新创业教学等同于对学校的就业工作引导，而没有全面关注创新创业的教学。国内的许多高校和地区就业指导主管仍把实施高校应届毕业生就业率标准当作检验高等教育人才培养质量的主要评估指标之一，把“培养就业岗位的竞争者”视为人才价值的核心导向，仍停留在向社会不断培养和输出

① 白龙君. 论新常态下高校创新创业教育问题 [J]. 继续教育研究，2016 (8)：13-15.

普通就业岗位劳动者的传统人才培养观。随着当前经济下行压力的影响以及高等教育全面进入大众化阶段，人口红利越来越少，高校毕业生就业难作为一种社会结构性供需矛盾将长期存在，长期积压的毕业生失业、待业等社会问题凸显。创业人是一个高质量的职业，虽不是就业的"强心剂"，但可成为带动就业的"催化器"。实践也证明，创新创业教学并不算精英教学，更不算休闲教学，而应该作为高等院校专业教学序列中以技术创新驱动的新增长极。创新创业教育实质上是通过创新创业基本知识、技巧与创新能力的训练而进行的一项全面人才素质教育，意在培育具有未来企业家素质的全面发展能力的创新创业类人才。创新创业教育与其他学科教学方式相似，核心都在于育人。培养具备什么样素质的人才，怎样培养社会所需的综合素质人才也正是素质教育的应有之义。由此可见，创新创业教育与素质教育之间在培养理念上是一脉相承的，在人才培养规格及侧重点上略有不同。当前，对于革新创业高等教育人才的教育理念认识仍亟须进一步加强，但在当前中国大众创业、万众创新能力的时代精神熏陶下，高等教育对专业类人才的教育理念从"培育求职职位的竞争对手"转化为"培育求职职位的创作者"，从而真正实现了创新创业高等教育作为企业管理者教育办学、老师教学、学生求职的理性意识和行为自觉。①

（2）创新创业教育的育人体系仍亟待优化

当前我国高校创新创业教育尚未构建起针对不同层次高校、专业、学科背景的大学生采取分类施教、因校制宜的育人模式。创新创业素质教育作为高等学校实施教育培训制度创新的一个重要工程，不但要为具备技术创新意愿、潜质和创新能力的准创新型大学生群体提供针对性的课程，而且还要面对全体学员设置有关技术创新思想与自主创业精髓、自主创业技术基础等相关方面的通识教学必考课和选考课，而创新创业素质教育的核心内容价值就是培养大学生自身的创新创业素养。学术研

① 高伟. 深化高校创新创业教育的问题反思与对策探讨［J］. 思想理论教育，2015（8）：92-95.

究型综合类高校创新创业教育重在创业精神的引领和社会责任意识的激发；专业性强的应用研究型高校重在与专业相结合的应用型创新创业人才的培养，将构建特色鲜明的创业型大学作为特色办学方向；应用实践型本科院校重在创业素养的提升；高职高专院校重在创业能力的实战。针对理工类大学生，鼓励其结合自身所学专业，将科学技术研究成果直接转化为可商业化、可复制的科技创新创业成果。针对文科类大学生，重在创业理念的浸润和创业模式的探索，鼓励其利用自身管理、营销、文化策划方面的专业优势，文理融合、协同创业。

另外，在实践教育分层教学与体系设计上，当前高等学校的创新创业实践教育仍急需建立适应当前国情、高校特点与学生特征的分层、分阶段实践教育制度。目前，大学的创新创业教育体系可分成四层，即启蒙普及层、授业提高层、孵化精英层和实践实战层。其中，启蒙普及层面向全体学生，目标之一是通过创新意识与精神上的启蒙教育，给学生植入创新基因，让学生都想创新；授业提高层面向大多数学生，目标是传授初步的创新知识与技术，使大多数学生都能创新；孵化精英层面向有创新意愿的学生，目标是帮助学校进行创新创业活动计划培训，并指导部分学子理性创新；实践实战层面向有能力的少部分学员，目标是培养学生创业，支持少数学生创成业。基于国内高等教育多年的创新创业实践教学经验，通过以上四个阶段的实践性教育，已基本摸索出集教育对象多层次（年级、专业、能力）、主体多元化（教师、管理人员、校外企业导师等）、载体多样化（课程、活动、实战）、指导持续化（创业初期、中期、后期）和资源拓展化（政府、社会资源等）于一身的全方位系统化创新创业实践性教育系统，仍有待进一步建立和完善。①

（3）创新创业教育课程体系仍亟待完善

学科制度是指某一学科开设课程的类别和次序，是内容与进度的总合，涵盖了目标、内容、课程构成、教学实践以及学科评估。完整课程

① 高伟．深化高校创新创业教育的问题反思与对策探讨［J］．思想理论教育，2015（8）：92-95.

体系是实施创新创业教育的关键环节，需要根据培养目标，进一步优化学科架构。创新创业教育学科主要由公共基础课、学科必修、专业选修、实验模块等构成，给予学生很大的选修空间，适应学员个性化需要，以防止创新创业教育模块的单一化。新形势下，许多高等院校正积极探索开展创新创业教育活动，但大部分院校的创新创业教育学科设置与教学方法相对简单，没有系统性、实践性与针对性，教学效益不佳。体现在：第一，教学的意义尚未受到应有关注。创新创业教学课程较少，无法达到创新创业教学的培养目标。许多院校的创新创业实践教育课题中大多以任选课题的形态呈现，在实践教育中也常常流于表现形式，面临着被其余课程所挤占的现状。其二，大学教学内容和创新创业教育的相关性较小。由于现阶段大学创新创业教育课堂中缺乏比较权威和专门的教学内容，也缺乏自制讲稿，与教学内容相关性较小，且部分院校的课堂教学中干脆地移用了管理专业、市场经济等有关专业领域的教学内容，并大量采用了人学生就业指导类选修课教学内容，授课的针对性和实效性都不强。其三，学校课程教育形式单一。部分院校的创新创业教学课堂方式单调，但大多以“课堂授课”的方式，讲授内容多以教学知识点为主，没有直接和学生交流；部分院校的创新创业教学虽然采用了简单的实践互动形式，但没有系统化的课程体系，不能给学生创造学习活动和实践的机会，也无法有效调动学生的主动性和创新性。因此，有的院校单纯地依靠创新技能竞赛开展教学，没有设置系统的创新教学课程。参加创新创业竞赛也主要为了获得竞赛荣誉和成绩。综上所述，当前的科技创业教育课程体系还不够健全，急需逐步健全。①

（4）创新创业教育教学方式仍亟待变革

在创新创业发展的过程中，创新创业实践教育也十分关键。但目前在大学创新与创业教育中，仍存在着实践过程的评价指标体系不健全的突出问题，导师无压力，学生没动力。实践指导过程不易控制、质量不

① 闫利利，曲波. 高校创新创业教育的关键问题与现实对策［J］. 教育与职业，2017（22）：62-67.

易检验的情况普遍存在。大学创新与创业教育的实践性项目内容比较单一，模式相对固定，教师在指导过程中刻板化、程序化、形式化，不能有力地激发学生的兴趣，从而影响了学生参与实践的积极性和主动性。教学模式陈旧是高等院校创新教育中面临的普遍问题。现在，很多大学的创新与创业教学模式，仍然还在采取“老师讲、学员听、满堂灌、照单收”的授课方式，这些“填鸭式”教育致使学员只是被动地接触理论知识，完全谈不上提高学员“三个创造力”——自主学习能力、实践和创新能力的培养，而以试卷为考核方法，以灌输知识为主要教学手段，以老师、上课、教学内容“三中心”为特点的教学模式直观地致使“知行分离”，致使大学生创业素质的降低和综合竞争力的欠缺，最直观的体现便是人才培养的“雷同”现状很严峻，千篇一律、千人一方，学员没有最起码的求职竞争，更别说创造力了，致使高校毕业生的创新比例一直徘徊在1%~2%，而创新的成功率也更低。①

（5）创新创业教育师资力量仍亟待加强

创新创业教学对老师的综合能力要求非常高，老师不但要掌握创新创业的知识、教学技巧、职业道德，同时还要掌握引导学生进行创新创业活动的创新创业思想和实际操作技能。由于科技创业高等教育学科化发展的持续时间太短，且专业人才比较匮乏，因此导致了师资数量与质量均略显单薄。体现在：其一，师资数量还不够。许多院校因为物力、财力等诸多原因而造成创新创业教学师资缺失，部分院校由承担学生就业管理工作的老师以及各学科辅导员兼职创业教师，有的院校则直接聘用管理学、经济学等有关学科老师兼职开展创业教学。兼职教师中一般并未进行过系统的创新型创业教学师资素质培训，也没有创新创业相关背景、知识与社会经验，因此常常将求职指南、职位生涯计划教学等课程等同于创新型创业教师课程，使用同样的课程、同样的讲义以及同样的教学方法，常常难以实现创新型创业教育教师的培养目标。这就使得创新创业教学无法建立科研队伍，许多院校的创新创业教学是单一老师

① 白龙君. 论新常态下高校创新创业教育问题［J］. 继续教育研究，2016（8）：13-15.

大规模集中教学，无法开展小团体教学或一对一的创新创业辅导。其二，教师学科素质亟待提高。一方面，学生没有系统的基础知识。大部分创新创业教育都缺乏专门、系统、全面的创新基础理论知识，学生学科素质普遍不高。另外，学校没有必要的创新性实验。大部分老师都没有实际技术创新经验与实践，创新性技能也不强，对中小学生进行创新创业实践活动的引导也只能是纸上谈兵，并不具有实战含义。① 无法给予学员最实际、高效的学习支持。综上所述，学校创新创业的教学师资一直面临着不足、不专、不导的状况，严重束缚和抑制着学校创新创业教学的实效性，需要进一步关注。

（6）创新创业教育大赛实效仍亟待提高

创新型创业竞赛，是进一步推进双创教学变革的生动而鲜明的理论实践活动，是高校人才培养和创新创业教学体系改革的重要部分，办好竞赛就能够做到以赛促教、以赛促改，也有助于提升大学生自身的创业创新实践能力和质量，对高校创新创业教学水平加以检验。但是，目前高校大学生创新创业大赛实施中仍存在着创业项目与市场需求相脱节，难以实现成果转化的问题。产生这一现象的原因有以下几点。第一，大学生学习和生活都在校园里，没有精力和能力来完成项目成果的转化。第二，在学生的实践项目中虽然也有很好的想法，但如果真要使之投身生产、投入实验，并转变为实际生产力，还必须经历再生产、再投入实验的阶段。第三，由于目前中国企业的创新意识尚有待进一步培养，同时风险投资市场尚不完善，加上有的学生所设计的项目方案还需要很大的研究成本，从而很难得到大规模的投资。② 另外，由于大赛形式以模拟为主，大多数参赛师生都只是为了参赛而参赛，看似大学生的参与度很高，但实则参与大赛的学生大多是品学兼优的“精英”学生，带有一定

① 肖晗，朱民田.“大众创业，万众创新”形势下地方高校创新创业教育存在的问题及其对策研究［J］. 经济研究导刊，2017（11）：57-59.

② 丁三青，王希鹏，陈斌. 我国高校学术科技创新活动与创新教育的实证研究——基于“‘挑战杯’全国大学生课外学术科技作品竞赛”的分析［J］. 清华大学教育研究，2009，30（01）：96-105.

的功利性色彩，许多参赛学生并不着眼于创新创业项目的长期发展，而只是在意比赛的结果。创新创业大赛的目的是有渠道和资源能够更好地发展创业项目，而事实上由于创新创业大赛的形式比较封闭，许多竞赛评选出最终成绩和名次后，缺乏后续支持而草草收场，这实质上违背了双创大赛的初衷。

（7）创新创业教育保障机制仍亟待健全

政府部门和社会各界必须为科技创业教育的发展提供政策、资本、机制等保障，营造的良好的社会环境对一个产业的创办和发展是至关重要的。成熟的现代市场经济体制一般要求具有统一公开、规范健全、平等竞争和运转有序等基本特征。在这样的社会主义市场经济体制中，所有创新创业行为必须按照市场规则去运营，资源依靠市场来调节和配置。当前，高校创新创业教育实施急需良好市场生态环境的保障，保障市场规范运行是解决大学生创业问题的必由之路。政府应转换职能，不断提高治理体系和治理能力现代化水平，构建多元的融资渠道以及完善的保障体系可以为创新创业提供重要支持。构建统一公开、竞争有序、诚信守法、监督有力的现代市场体制，实现了职责明晰、公平公正、透明有效、法制保护的全面市场监管。同时大学生在创新创业中资金支持是一项重要的保障，资金渠道不畅一直是制约大学生创新创业的主要问题之一。大学生需要多方面、多渠道地进行创新创业融资，区域政策扶持和社会企业家投资应成为大学生创业的资金的重要来源。在政府的政策出台与完善过程中，为大学生创业提供了良好的条件，并及时引导了社会资本机构对大学生的创业项目进行了融资。当前，高等院校创新孵化园建立还面临着不够切实有效的问题，但高校仍可设立一些创新的奖励，政府设置一些有奖励的创新支持资金，并积极争取民营企业、社会组织等来资助、奖励等，以多种形式支持大学生创新创业。

3. 综合研究对我国高校创新创业教育问题的反思

《2018 中国教育研究前沿与热点问题年度报告》① 明确提出创新创业

① 本刊编辑部. 2018 中国教育研究前沿与热点问题年度报告［J］. 2019（3）：36-37.

教育已成为高校人才培养模式改革的驱动力之一。

（1）多层次、多类型人才培养是高校人才培养的新主题

人才培养是高等教育的主要服务功能，教育是高等院校的主要中心管理工作。人们对高等教育意义的理解，以及教育模式变革的反思，都越来越自觉、越来越深刻。要完善高等教育人才培养的基本职能结构，使高等教育人才培养主要中心任务回到教育本原。实现全方位、多类别的高等教育人才培养格局，是新时期高等教育专业人才培养的主题。[①] 从多层次出发，回归研究生教学、启动研究生教学改革、建立以学习者为中心的教学，是当前高教发展之必要。一流的大学研究生教育对学生批判性思考技能产生增值的影响更大，因此引进并开展世界一流大学的一流研究生教学，就应该注重培育和提升大学生的批判性思考技能。[②] 拔尖创新型人才的条件将日趋完善，需要加大拔尖创新型人才的培育。目前建立了“强筛选—关闭特区式人才培养”“强筛选—半开放式双重培养”“弱筛选—开放性闯关式人才培养”三个筛选标准和人才培养类别的二维划分系统。[③] 从多类型角度看，千校一面的高校是不能够教育出多种类人才的，所以分类改革是一条新思路，因为通过分类改革才能够创造多元的教育供给。高等学校分类管理的实质是人才的分类管理改革，要以人才定位为基点构建高等学校分类管理体系。[④] 同时，对高等教育的人才业绩进行评价也很关键，通过绩效评价，改变传统人才质量观点，通过科学研究人才质量过程，服务于高等学校的自身功能，从而形成有效管理激励策略。[⑤]

---

① 瞿振元. 在人才培养体系建设上下功夫［J］. 新华文摘，2018，（17）.

② 张青根，沈红. 一流大学本科生批判性思维能力水平及其增值——基于对全国 83 所高校本科生能力测评的实证分析［J］. 教育研究，2018，（12）.

③ 陆一，等. 封闭与开放之间：中国特色大学拔尖创新人才培养模式分类体系与特征研究［J］. 教育研究，2018，（3）.

④ 李立国，薛新龙. 建立以人才培养定位为基础的高等教育分类体系［J］. 教育研究，2018，（3）.

⑤ 张建祥. 高等学校人才培养绩效评估得内涵与本质特征. 教育研究，2018，（3）.

（2）创新创业教育是撬动人才培养模式改革的新杠杆

培养模式改革有许多方式和多重选择。从本意上出发，创新与创业教育的出发点是为了提高大学生就业竞争力和就业品质。在改革实施过程中，人们越来越看到创新创业教育将是一个大文章，也可能是撬动高等教育人才培养模式变革的关键点。推进培养教学模式改革，教育须总体推进、系统改革，推动人才培养目标更新、课程体系构建、培养制度革新以及教学模式改革，让创新创业教育更深入地渗透到高等教育人才培养系统，形成以市场经济和社会需要为导向的、以学习者需要为中心的、以创新能力训练为重的、以多样性为特点的培养教学模式。① 随着中国经济社会的高速发展，行业结构调整、教育发展模式转换与升级，以及社会各界对创新性、综合性、应用型人才培养的要求也日渐提高，以创新与创业教育驱动培养模式变革将成为高等教育发展的应然之道。② 毫无疑问，创新创业教育首先是提高了高校毕业生的创新综合素养和就业能力。③ 但并不能满足于此，而应该突出对"完整自由独立个体"的培养，如从思考方法、心智模式、创造力、品德、意志力、问题处理能力等几个层面，加以综合训练。④ 注重培育学生积极适应、激情创造、敏锐卓越、自律效能、社交智能和快乐希望等积极的心理品质，并鼓励学生主动发展。⑤ 这样的创新创业教育，才是撬动人才培养模式变革的创新创业教育。

（3）与专业教育相融合是创新创业教育的新趋势

驱动培养模式变革的创新创业教育，不能另起炉灶、另弄一套，做"体外循环"，而应该与学科教学相互融通。创新创业教学是学科教育思想与创造精神、实践与创新能力，认识能力与非认识能力的最好结合点。因此，应该把创新创业能力嵌入课堂之中，通过变革教学方法以形成反

① 赵长禄. 构建高水平大学生创新创业新生态［N］. 中国教育报，2018-12-17.

② 任胜洪，刘孙渊. 高校创新创业教育政策的演进逻辑及展望［J］. 教育研究，2018，（5）.

③ 黄兆信等. 中国创业教育研究 20 年：热点、趋势与演化路径——基于 37 种教育学 CSSCI 来源期刊的文献计量分析［J］. 教育研究，2018，（1）.

④ 陈建录，袁会晴. 高校创新创业教育中的工匠精神培育［J］. 教育研究，2018，（5）.

⑤ 叶映华，徐小洲. 大学生创业心理研究的十年回顾与展望［J］. 教育研究，2018，（2）.

思教育、创新能力教学、自我效能感教育等，进行课程内化力的提升，从而推动创新创业能力的养成。[①] 建立和健全以创新创业教学理念改造知识传递方式的新型课程管理体系，注重教学运行实践的发展性与整体性，注重学员创新创业知识与创新能力的形成。[②] 而新课程制度也需要将专业教育体系引导和社会需要引导的双向驱动有机融合，重建跨专业体系。[③] 并利用这种方法来进行与传统专业教育领域的有机融合。不过，由于当前创新创业教育领域还没有多样多维、与学科相融的教学质量评价系统，[④] 因此，与多学科教育体系相互融入的创新创业教育实践领域仍然任重而道远。

① 史秋衡，王芳. 我国大学生就业能力的结构问题及要素调适［J］. 教育研究，2018，(4).
② 杜建群，杜尚荣. 大学生创新创业课程的价值取向与目标定位［J］. 教育研究，2018，(5).
③ 刘志. 哈佛大学创业教育课程建设的历程与经验［J］. 教育研究，2018，(3).
④ 黄扬杰，吕一军. 高校创业教育的问题与对策［J］. 教育研究，2018，(8).

第五章

Chapter 5

改进策略：我国深化高校创新创业教育改革的建议

习近平总书记在党的十九大报告上指出，“人才是创新的根基”“创新驱动的实质是人才驱动”。随着大学创新创业教育的不断发展和完善，大学生越来越成为国家创新人才的重要组成力量，其创新能力的进一步提升也成了高等教育人才培养的核心内容。在高等教育不断改革的浪潮中，我国的教育政策也逐步由最初的就业教育范畴发展到今天的创新创业范畴，20多年的发展历程，实质上反映的是高校人才培养质量与社会人才需求之间不断变化着的结构性矛盾。经济基础决定上层建筑，不同时期，市场环境和高校内部环境不同，国家教育政策制定也截然不同。如今，我国正处于两个一百年奋斗目标的历史交汇期，对高等教育人才培养的依赖比以往任何时期都要强烈，对高新技术人才渴求比以往任何时期都要强烈。当前，我国由高等教育大国向高等教育强国不断迈进，这就要求高校以紧抓人才创新能力为核心，在教育模式优化、人才质量标准、高校内部治理等多个方面深化改革，形成全覆盖、多层次、个性化的创新创业教育体系，在促进高素质人才传输、高科技成果转化、提升大国自信方面发挥战略重器作用。

一、把握战略机遇，努力开创“十四五”创新创业教育新局面

“十四五”时期在我国向第二个百年奋斗目标进军的进程中起着开天辟地的作用，也是我国全面开启建设社会主义现代化国家新征程的第一步，国家整体局势的改变对高等教育的使命也提出了新要求，此时，高等教育把握发展新阶段、贯彻发展新理念、构建发展新格局显得意义重大。从国内看，我国仍处于发展战略机遇期，建设科技强国、加快发展现代产业体系、不断释放经济增长的内需潜力，关键还是靠教育，优先发展教育，进一步提升教育的基础性、先导性、全局性地位，深化教育层面结构性改革，优化教育资源布局，大力开发创新型人力资源。从国际看，世界格局正在发生百年之大重塑，政治、经济、文化、科技、生态等都在发生着重大变局，新冠疫情的全面暴发更是加速着全球局势的演变，新一轮科技革命的兴起，世界对人才和科技的竞争正在经历前所未有之激烈，对学习者的能力素养要求发生深刻变化，也在重塑教育形态模式并将加剧教育国际竞争。必须增强机遇意识和风险意识，加快推进教育现代化，不断提升我国教育竞争力和综合实力，为构建人类命运共同体作出更大贡献。面对新形势新挑战，我国高校创新创业教育必须把握发展规律和新特征新要求，抓住机遇，迎接挑战，化危机为新机。奋力开创教育现代化新局面。我国高校创新创业教育深化改革主要着力于以下五个方面：①

第一，定标准。标准是一种客观规定性，我国高等教育 92 个本科专业类，都必须制定符合国家规定之教育质量标准，明确指出各个专业类别对于创新创业的教育目标、教学课程设置的要求，不仅是对于创新创业教育质量的保障，同时也为创新创业教育改革提供指南。

第二，抓课程。课程作为保证人才培养目标得以实现的核心要素，

① 教育部新闻发布会介绍第七届中国国际“互联网+”大学生创新创业大赛有关情况. http://www.gov.cn/xinwen/2021-10/09/content_ 5641636.htm.

应适应多元化人才培养需求，高校应不断加强创新创业课程内涵式建设，更新课程建设理念，优化课程内容。目前，我国高校开展的创新创业课程有三万多门，慕课的线上课程也达到一万多门，创新创业教材有千余种，国家级创新创业课程也有百余门之多。

第三，建师资。师资力量是教育教师的根本保障。我国教育部明确要求，高校双创教师需由双师型教师担任，另外聘请一批行业优秀人才担任兼职教师，提高资质实力。目前，我国高校创新创业师资已经达到三万余人，兼职导师也接近 14 万人。除此之外，我国还组建有创新创业导师资源库，首批已入库近五千名教师，在师资队伍的数量建设上已大有成效。另外，在师资质量方面，国家通过连续多次举办创新创业培训班，切实提高教师能力。

第四，树标杆。高校作为创新创业的主阵地，必须发挥标杆引领作用。入围国家创新创业示范基地的多所高校用改革的标杆、示范来引领其他高校创新创业改革不断深入，从而提高高校整体创新创业教育水平。

第五，实施大学生创新创业“国创计划”。国家级大学生创新创业训练计划是学校“十三五”本科人才培养规划中翱翔创新计划的重要组成部分，是一项深化创新创业教育改革的重要举措，对于提升大学生的整体综合素质和创新创业意识、能力具有重要作用，国创计划细化为三个部分：创新训练项目、创业训练项目和创业实践项目。

据教育部高教司司长吴岩介绍，“十四五”期间高校创新创业教育将主要干好三件事。第一，要继续办好大赛，这个大赛已经成为中国的品牌，成为世界的名牌。第二，要上好金课。以“青年红色筑梦之旅”为载体，聚焦“三农”：农村、农业、农民，关注“四新”：新农村、新农业、新农民、新生态，把乡村振兴作为“青年红色筑梦之旅”的一堂最有温度的思政课。第三，要建好体系。创新创业教育需要一套完整的教育体系，包括课程教学体系、学科专业建设体系、课外实践活动体系、学生发展评价体系等，利用教师资源库和大学生“国创计划”形成一个全覆盖、多层次、个性化的创新创业教育体系。

关于深化高校创新创业教育改革，具体来看，包含以下九个方面：

第一，完善人才培养的质量标准。分学历层次制定、修订、实施不同教育目标要求，真正使创业意识、创业精神、创业能力成为衡量人才培养质量的重要标准。积极引导相关行业部门、科研院所参与到专业人才培养评价标准的制定上来，不断细化各类专业创新创业素质的能力要求。

第二，创新人才培养机制。首先探索建立以社会需求为导向的专业结构和以就业创业为导向的人员需求结构，提高人才培养和社会经济发展需求的结构性匹配度，通过各类卓越计划，多形式举办创新创业教育先锋试验班，探索联合育人机制，将社会资源，甚至将国外资源引入创新创业人才培养中。另外，积极探索跨院系、跨学科、跨专业的交叉性人才培养新机制，提高人才培养的复合性和融合性。

第三，建立健全创新创业课程体系。交叉性的创新创业课程体系为创新创业教育提供直接思想营养，学校根据自身特色，找准自身人才培养定位，建立创新创业的总体目标要求，并以此为依据，形成专业类课程和创新创业类课程的相互融合促进，不断研究改进教学内容及教学手段，建设科学合理、衔接有效的创新创业课程群。各地区、各高校紧跟时代步伐，通过慕课等在线课程平台打造优质课程的信息化建设。

第四，改革教学方法和考核方式。国家鼓励高校积极开展启发式教学，通过课堂讨论等方式营造一种参与性教学环境。教师要把握学术前沿和行业发展最新成果，在授课过程中融入学生的创业意识中去，激发学生创业灵感和热情。根据大数据手段研究学生自主学习规律，立足规律不断优化教育方式和考核方式，破除“高分低能”积弊，切实提高大学生在创业活动中分析问题、解决问题的能力。

第五，强化创新创业实践。国家要支持高校加强对专业实验室、创业实验室、仿真实验室等平台建设，并通过相关政策引导平台共享，除校内研究基地建设外，鼓励优质高校率先成立校外实践教育基地和校外实训示范基地，深入实施大学生创新创业教育训练计划，促进专业知识转化落地，举办各类创新创业技能大赛，让各类创业活动相互碰撞，最后，支持高校创新创业协会建设和各类讲座论坛的举办，提高创新创业教育的实践性。

第六，改革教学和学籍管理制度。合理的创新创业学分积累和转换，能够使创新创业教育更加制度化和规范化，创新活动所产生的相关论文和专利、学生参与的课题研究和项目实验都可以折算为一定比例学分，记录在创新创业的成绩单中。创业是一项复杂性活动，可为创业大学生实施弹性学制，在学习进程和学习年限上保留一定自主权，鼓励学生积极投入创业活动。

第七，加强教师创新创业教学能力。教师在创新创业教育中承担着主体责任，完善的技术职务评聘标准和绩效考核标准能够保证教师的创新创业素质。聘请知名专家、企业家、风险投资人等成立兼职教师队伍，将学生的创新创业教育内容紧跟时代变化前沿，另外加强教师的技能培训，鼓励教师挂职锻炼，支持教师自主创业，以实际经验带领学生创新创业。

第八，加强学生创业指导服务。鼓励各地区、各高校成立专门指导性服务机构，承担大学生创业指导和帮扶的职能，整合国家政策和行业动态，向创业大学生及时、准确、全面地提供政策解读和方向引导，鼓励各地区立足地方特色，积极开发创新创业项目，引导学生捕捉就业机会。

第九，加强资金支持和政策支持力度。各地区、各高校积极整合财政和社会资金，帮助创业大学生创新创业活动的正常开展，引导国家筹集资金主体多元化建设，政策引导社会组织、公益团体、企事业单位等积极投入大学生创业帮扶基金建设上来。同时，对于大学生，在科学测评大学生信用基础之上，降低贷款门槛，减少贷款利息，多形式、多渠道解决学生创业资金问题。紧跟时代潮流，落实相关政策和服务措施，支持大学生创业的信息化和科技化建设。

二、完善政策体系，努力打造新时期创新创业教育升级版

此前研究表明，我国大学生创新创业政策发展至今，已初步形成连贯性体系。历经初步探索阶段和全面推进阶段，我国也终于迎来了重点落实阶段。日趋完善的创新创业政策体系为推动创新创业人才培养、带动我国大众创业、万众创新局面、打造“双创”升级版发挥了重要的规范、引领和保障作用。但同时，我国创新创业政策仍存在不足，需要重点关注以下四个方面：

（一）保持政策连贯，处理好阶段发展与长期规划的问题

我国创新创业政策的制定紧紧贴合着创新创业的生命周期，却也存在政策发布初期欠缺长期规划的问题，主要表现在创新型人才培养起步较晚。据文本编码所示，在政策沿革的第二阶段政策注意力才落脚到人才培养，人才是创新创业的主体和原动力，是相关赛事和活动推进的前提。同时，我国创新创业人才培养起步较晚，加上人才培养固有的滞后性必然直接导致创新创业活动推进、机会和资源的落实、政策实施等方面出现问题。因此，应基于长期规划来制定具有前瞻性的政策，协调好阶段性与长期性的耦合关系。需结合国家大政方针和长期规划性政策来制定大学生创新创业政策，在对未来趋势进行研判和展望的基础上把握发展方向，遵循人才培养规律和创业过程理论，即使在政策前期资源和机会不足的情况下，也应站在长期发展的角度对试点单位提供标杆式供给。

（二）尊重个性差异，把握好宏观供给与地区需求的平衡

中央层面的大学生创新创业政策规定了宏观走向，在重点落实过程中不同地区则存在个性化差异，表现为总投入均衡而具体维度的政策注意力具有偏向性。经济发达地区更早地注意到人才培养，而经济相对落

后地区则在早期更重视资源供给，因此政策制定要在强化中央宏观导向的同时，更加重视地方需求的个性化，真正做到因材施教、因地制宜。

大学生创新创业政策的个性化逻辑应贯穿始终，从横向上来看，我国各地区经济发展水平差距大，必然导致教育水平参差不齐；从纵向上来看，我国高等教育进入大众化，高等人才培养方向更加多元，创业教育也应该要百花齐放。大学生创新创业的视阈并不限于高新科技，以高新科技为核心竞争力的创业称为内容创业，其目的是开发前所未有的领域，该领域因为门槛较高，呈现出较强的排他性和较低的竞争性，一般萌芽于研究型大学的国家重大攻关项目课题组，更需要创新人才培养方面的政策支持；以现代化制度模式运营传统行业的创业称为制度创业，例如“北大养猪人”陈生，他用现代化思维开办屠夫学校，系统化地培养有知识、懂运营、善管理的新时代屠夫，利用科学有效的现代化制度异军突起，该类创业更需要资源和机会方面的政策支持；以独有的地方资源为依托的创业叫作资源创业，例如诸多少数民族地区沿承了丰富的非物质文化遗产资源，该资源作为地区的独有优势，几乎没有竞争对手且技术难度小、开发成本低，该类创业对于带动当地百姓创业、推动当地经济发展意义重大，同时对国家资源供给政策依赖性更强。综上所述，不同创业类型所对应的支持措施不尽相同，在政策制定时应深入地方及高校调研创业主体的个性化需求，进而助力政策支持措施的优化配置。

（三）坚持协同共生，协调好府际协作与高校参与的关系

大学生创新创业活动仅依靠中央政策难以推进，需要共同参与、资源共享、优势互补，构建以“政府主导+高校主体”的协同共创体系。但是，从目前来看，创新创业活动主要依靠政府的主导地位，《国务院办公厅关于深化高等学校创新创业教育改革的实施意见》《国务院关于大力推进大众创业万众创新若干政策措施的意见》等专门性政策颁布之后，各省、市、自治区及高校响应中央号召，以该文件为导向陆续制定并颁发了相应政策。相较而言，各地高校的参与较为机械与被动，政策的同质

性和粗放化明显，未能形成错位互补机制、特色发展机制。① 应在权衡各方优势的基础上明确其政策角色，防止重复性工作和环节性落实空缺。

政府的政策定位是提供外部保障，监管创新创业整体走向。政府所颁布的创新创业公共政策要指引大学生创业项目的宏观方向，科学评估创业活动从投入到产出的政策方案，量化考核指标、细化责任到人，以保证每一项支持措施能落地、出成果；同时，政府政策需为创业大学生提供服务和保障，无论是在创造机会还是供给资源方面都要有可执行的标准。同时，大学生创新创业活动是一种高风险活动，其各个环节都需要进行风险评估，政府需要为大学生提供相关法律咨询服务，切实提高大学生创业风险意识，提高创业成功概率。高校的政策定位是激发内生动力，完善创新创业教育体系。目前，我国部分高校出现创新创业形式化倾向，比如强制学生创业、挂名参赛等。因此，提高大学生主观的创业意愿十分必要。引导学生改变传统对创业的不正确观念，将创业教育融入专业教育之中，根据不同年级、不同专业提供针对性培育和个性化服务，鼓励跨专业选课，激发学生创新思维，促进学生的多元化、复合型发展，刺激学生创业内生动机的形成。同时，高校创业政策以现实问题为导向，加强学生创业意识，把握创业机遇，提高资源整合能力和沟通协调能力。

（四）完善共赢机制，实现好校企合作与链条衔接的顺畅

政策注意力的转变在整体上符合创新创业生命周期的发展：呈现“创新创业思维的酝酿—创新创业成果的孵化—创新创业产业的成型”的链条式进程，但目前各环节间欠缺衔接机制，创业参与主体各自为政，难以实现高效流畅的合作。从创新思维的产生到创业正式成型最重要的环节就是高校与企业的协同，根据新制度经济学理论，协同效率提升的关键在于减少交易成本，“制度损耗”大大降低了校企合作制度运行的效

① 任泽中，左广艮. 大学生创业资源协同模式研究［J］. 高校教育管理，2017，11（02）：49-56.

率，校企合作制度的抽象化，直接导致地方在设计校企合作方案过程中产生“自主空间”和“随意性”。[①] 政策应在明晰高校与企业角色边界和耦合困境的前提下，理顺校企合作衔接机制。

高校是提供公共教育服务的非营利组织，企业是追求利益最大化的营利组织，两者看似目标迥异，但实则存在深层互补关系：前者理论性高而实践性低，技术不付诸应用就是纸上谈兵，亟须企业提供便利条件带动其实现成果转化和产业化；后者实践性强而理论性弱，可以通过帮扶和投资大学生创新创业项目来获得最新的创新成果和相应收益。但现实中两者合作大多流于形式，所扶持的创新创业项目成活率较低，其根本原因在于高校与企业彼此的信任度与认同度较低，高校碍于创新成果的知识产权问题，企业投资者则对创新创业人员素质能力心存疑虑。国家应制定清晰的相关政策对大学生创业知识产权进行保护，利益相关者在划分科技成果方面有所依据，以防止因产权问题造成经济纠纷，严重的甚至中断创业的正常孵化。对于企业投资者对创业大学生能力认同度的问题，企业投资者可深度参与到创业人才培育和创业成果孵化的过程中，投资创新创业赛事，近距离考察参与创新创业的高校学生，择优重点投资，加大表彰和奖励基金；投资建设共享模式的创业孵化园区，集结和筛选来自不同高校的创业者，一方面减少多校开展相似创业项目所造成的资源浪费；另一方面，可以集结来自不同类型高校和专业的学生，最大限度地提升团队的综合性和完整性，进而提高企业投资的成功率。

三、深化教育改革，着力建设高质量创新创业教育体系

深化高校创新创业改革任重而道远，国家积极优化创业环境，进一步弘扬创新创业精神，鼓励不断改革创新，高校在育人理念与机制、实践教学、师资建设等方面不断完善，学生个人积极锻炼“敢闯会创”精

① 肖凤翔，陈凤英．校企合作的困境与出路——基于新制度主义的视角［J］．江苏高教，2019（02）：35-40.

神，三者之间密切配合，用好技术、市场和公益红利，最终形成“学校孵化创业、政府扶持创业、社会鼓励创业、学生勇于创业”的良性互动式创新创业实践育人生态圈。[①]

（一）聚焦核心能力，完善创新创业人才培养体系

1. 着力培养大学生创新创业的意识和态度

创业的展开和运行需要创业者具备商业思考的头脑、市场选择的眼光以及进行决策管理的胆量，对创业者的意识态度和性格特质都有较高的要求。创业意识作为创业者基本素质结构的核心，是指创业者对创业政策、创业机遇、创业流程及创业环境等创业要素的精神和心理感知，这些主观感知通常包括创业的目的、需求、期望、信念等精神要素。创业态度是一种稳定的心理倾向，它指创业者对待创业所产生的一系列思维过程和情感过程，具体包括创业认知、创业情感和创业意向，并决定了创业者对创业选择的趋向、认同和喜好程度。

创业意识和态度作为认知观念层面的存在，对大学生创业实践的开展具有较强的反作用力，能够对大学生创业者的行为倾向起到指示性作用。良好的创业意识和态度以其强大的精神力作用，在大学生创业过程中发挥着事半功倍的效果，因此，大学生在创新创业前务必要对自身的创业意识和态度有清晰全面的了解，包括对创新创业概念和内涵的理解、参加创业的动机和目的、对创业的期望和信心、对创业所需内外部环境的感知、对创业成功和失败的认知等，要求大学生创新创业者以全面和发展的眼光，正确看待创新创业过程的复杂性和曲折性，在创业过程中不断强化自身的创业意识和态度，做好充分的创业心理准备。

2. 着力提升大学生创新创业的素质和能力

创业的素质和能力是指创业者人格特质决定下的创业条件和水平，直接决定了创业活动的效率和成功的概率。创业素质的高低受限于创业

① 高伟. 深化高校创新创业教育的问题反思与对策探讨［J］. 思想理论教育，2015（8）：92-95.

者自身文化水平、智商和情商层次、身体的健康程度以及职业技能熟练程度等方面，直接影响到创业者的创业思维和创业行为；创业能力一般分为一般创业能力和潜在创业能力两部分，前者是在工作中逐步形成的基本业务能力，包括计划和决策的能力、处理突发事件的能力、组织运营能力、市场探查能力、人际关系能力等，后者主要为创新创业的思维能力，包括如何看待创业机遇和挑战、对创新重要性的认知等。在大学生创新创业的素质和能力中，占据最核心地位的是创新能力，即不断创造新思想、理论、方法、技术、成果的系统能力，这种综合性能力的形成以创新者的智商和能力为核心，以创业实践和社会实践为基础，以兴趣爱好为动机，以成就满足为激励，以创业成功为结果导向。

对大学生创新创业素质和能力的提升，要注重以下几个方面：一是提升大学生的机会识别能力，大学生怎样有效识别适合自身条件且具有市场价值的创业机会是创业成功的前提；二是提升决策能力，创业的过程也是选择的过程，大学生在对供应商的方式和市场进入时机等进行判断和选择时，需要创业者在综合调查和评估后迅速作出正确的决策；三是管埋能力，大学生创业者需要对组织中大大小小的人事进行处理和安排，这种任务和能力要求大学生创新创业者能够在复杂创业环境下，采取有效管理风格，对创业资源进行合理计划和控制，从而达到创业目标，提升创业的效果和效益；四是提升执行能力，大学生创业者作出抉择后，需要高执行力来达成创业目标，否则创业决策将仅仅停留在书面上，无法转化为实践中的劳动成果；五是人际沟通能力，大学生创业者在创业各环节都需与各种利益相关者创建不同的关系，良好的利益关系和关系网络是保证创业顺利进行的有效前提和保障；六是应变能力，面对不断变化的创业内外部环境，大学生创业者需要理性分析和应对，根据市场变化采取灵活的应对措施。

3. 着力加强大学生创新创业的协同与合作

创业者由于受到专业知识、技术、人脉、资源等某些方面限制，需要组建高度互补和密切配合的创业团队，利用团队的力量来开发企业的核心产品，完善整个公司的运转和市场的开拓，提高企业的核心竞争力。大学生创新创业团队建设关键需要加强协同与合作。团队精神的培育主要通过以下途径：第一，积极参与学校的组织活动。社团和学生会等学校组织为大学生创新创业教育提供教育和实践的平台和载体。这些学校组织能够将大学生引入学校和社会的接轨处，通过组织内部横向和纵向的人际关系网络，增强大学生建立和维持团队关系的能力，培育大学生的团队合作精神；第二，重视典型和榜样在创新创业团队中的作用，良好的典型示范能够激励大学生创新创业者的创业热情和动力，引导其步入创新创业的正确道路，并通过榜样的核心凝聚作用，形成团队成员的合力，而不好的典型或案例也能够帮助大学生规避创业过程中容易出现的错误和陷阱，创建更为有利的创业环境；第三，在大学生参与创新项目过程中，要加强其对合作重要性的认识和感知。创业是一个学习、实践与思考的循环过程，强调在“做中学，学中做”，因此，在大学生创新创业项目的参与过程中，要及时对大学生进行创业合作理论和实训的传授，使大学生在潜移默化中理解创业合作的精神和内涵，形成感性和理性多层面的全方位认识，使团队精神成为大学生思维构成的一部分；第四，创造合作机会，让大学生参与到团队分工式合作的任务中去，根据每位参与者的能力和特质状况，为其分配不同角色和任务，突出每位参与者对任务完成所做的贡献，并在任务的完成后，进行集体性的激励，让大学生参与者认识到团队合作达成的合力效果；第五，依靠工学结合的方式，让大学生直接参与到成功的创业企业的市场运营过程中，在真实的动态工作运行程序和环境中，亲身体验企业中的团队合作文化和精神。

4. 着力锻炼大学生创新创业的胆识和韬略

创业机遇来源于创业者对市场需求的发现和把握，具有潜在性、利益性、时效性和公开性，这些特质决定了创业机遇在识别方面的困难性以及竞争性。如何有效识别和把握创业机遇是创业者进入市场中首先要面对的问题，需要创业者对市场定位有准确而又特定的把握，无论是在细分垂直的市场领域还是广泛的市场领域，都要以满足顾客需求并为其带来增值效果为重要准则。创业机遇的把握需要大学生具备较强的发现和调研能力，具备识别以下创业机会的知识、能力和眼光。

（1）对潜在和现有市场机会的识别

潜在市场机会是指在市场中未被发现或未被满足的市场需求，由于这种机会在市场内部尚未显露出来，需要大学生创业者进行市场需求调查、顾客满意度测试、创业资源筹备等前期准备工作，尽管对这种机会的发掘需要坚强的毅力、独特的眼光和敢为人先的开拓精神，但是一旦掌握了这种市场机会，往往就能在创业发展初期形成对市场的垄断效应，并使创业者在短期内获取巨大的商机和利益。但随着潜在市场机会被发现并转变为现有市场机会的过程，市场模仿者和追随者的迅速增多，产品的商业潜力也会在这个过程中呈现出先上升，到达顶点后再下降的倒U型曲线模式。

如何在潜在市场机会转变为现有市场机会过程中，保持产品生产的价值性，需要创业者参考波士顿矩阵建立的产品四象限模型（BCG Matrix）（如图5-1），以销售增长率和市场占有的不同状况为依据对四种市场产品的类型（“明星类产品”“问题类产品”“金牛类产品”“瘦狗类产品”）进行分析性选择（见表5-1）。

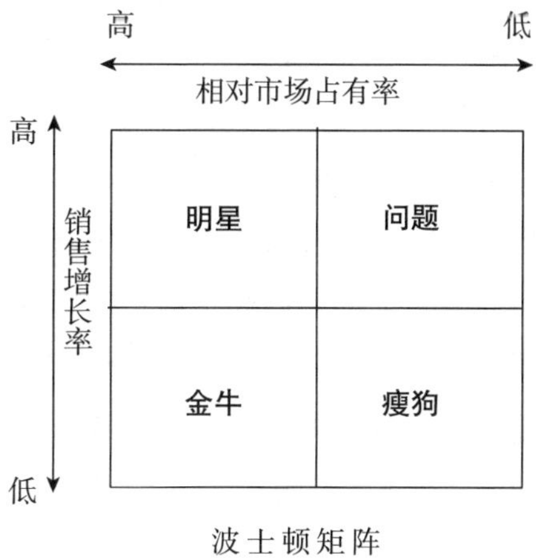

图5-1 波士顿矩阵

表 5-1　市场产品类型

明星类产品（★）	销售增长率高	市场占有率高
瘦狗类产品（?）	销售增长率低	市场占有率低
问题类产品（¥）	销售增长率高	市场占有率低
金牛类产品（×）	销售增长率低	市场占有率高

问题类产品：问题类产品的市场前景较为明朗，但是由于初次投入市场生产和运营，在扩大市场份额过程中，一般存在着潜在用户数量上限、资源资金储备不足或市场营销难度大等问题。因此，创业者要对问题类产品采取理性投资的战略，科学分析创业市场环境和顾客特质，对创业产品的种类和规模进行合理选择，适合规划能力和风险承受能力强的创业者进行。

明星类产品：随着该类产品在市场中的饱和及市场销售量的减少，会逐渐成为现金牛产品。因此，创业者在选择生产该类产品时，要求大学生创新创业者有较高的生产技术和销售能力，有充足资源和资金储备，在产品生产和经营战略方面，要尽可能通过采取一切合理合法措施，扩大其经济规模、市场份额和占有率，不断增强该类产品盈利的可持续性和规模性，对该类产品发展战略的选择方面，最好采用事业部的组织形式。

金牛类产品：产品和市场机会处于成熟期，此类产品适合进行短期的投资，经常作为明星产品投资的后盾。由于金牛类产品销售利润获取方面已经呈现出劣势，所以只能依靠扩大市场份额或者降低生产成本的方式以盈利，这就要求大学生创新创业者具备较高的市场营销能力，以榨油式方法进行大规模、短时间的生产，为其他产品提供资金保障，其可持续性生产战略应是通过对销售增长率较高的产品进一步进行市场细分，或对产品进行创造性改进，延缓其下降速度。

瘦狗类产品：创业者应尽量避免对瘦狗类产品的选择和生产，除非有整顿或改造产品生产结构和流程的创意想法和技术存在。

四种产品的多样化组合经营方式，需要创业者有足够的把握，形成对不同类产品间的多样化组合方式，实现对资源结构的良好分配和循环，建立创业企业和产品的良好发展前景。

（2）现有市场机会与未来市场机会的识别

现有市场机会是指已经或潜在出现在环境中的市场需求。未来市场机会通常是在对现有市场机会的调查研究和科学预测的基础上，考察和分析未来时期内的市场机会，对大学生创新创业者而言，未来市场机会的把握通常需要强大的创造和开拓精神和能力，由于未来环境的不确定性和变化性，对未来市场机会的识别和把握也具备较大的风险，但是一旦掌握了这种市场机会，创业者就可以通过市场中的领先地位，获取大规模市场利润。

（3）边缘市场机会与行业市场机会的识别

不同行业交叉会形成新的市场机遇，经济学上称为边缘市场机会，拥有较为明朗的市场发展规模和前景，但由于处于夹层交接地带，对其甄别并且加以利用的难度较高，需要创业者对行业有较强的熟悉和感知力并进行充足的行业市场调查，以丰富的创造力、敏锐的发现能力和勇敢的开拓精神，才能对此类机会下的产品进行生产和开拓。与此相对，行业市场机会指的是某一种行业内部的市场机会，由于市场准入条件和产品运营状况较为清晰，越来越多的发现者和跟随者进入行业市场，市场竞争的激烈性越来越大，致使创业者在市场份额和产品利润的获取状况方面都处于不利境地。

（4）全面市场机会与细分市场机会的识别

全面市场机会指整个大市场环境中空缺的、仍未被满足的需求。由于目标市场普遍性和规律性的特质，大学生能够主动并且理智地进行创业投资生产，自主控制市场投入规模。细分市场就是基于地理、人口、心理、行为、社会文化及使用者行为的细分标准（见表 5-2），对特定群体的特定需求进行满足的市场划分形式。大学生创业者由于受到自身实力的限制，在不具备占据全面市场的资源和设备时，选择细分市场作为生产和经营目标市场，往往能够利用有限的资源，拓展无限的新市场，扬长避短，选择能发挥自身优势的细分领域。

表 5-2　市场细分标准划分

细分标准	细分变量
地理因素	地理位置、城镇大小、地形、地貌、气候、交通状况、人口密集度等
人口统计因素	年龄、性别、职业、收入、民族、宗教、教育、家庭人口、家庭生命周期等
心理因素	生活方式、性格、购买动机、态度等
行为因素	购买时间，购买数量，购买频率，购买习惯（品牌忠诚度），对服务、价格、渠道、广告的敏感程度等

5. 着力防范大学生创新创业的矛盾和风险

创业风险往往伴随着创业机遇产生和发展，主要产生于以下方面：第一，创业者的创业特质和能力，包括创业者的创业意识和态度、创业能力和素质等，创业者的意识和态度决定了创业的原则和方向，创业能力和素养决定了创业的发展和运行状况，任何一者的缺乏，都会使创新创业的难度加大；第二，创业者在制定创业战略和规划时，往往受自身经验或偏好的影响，影响决策的科学性和正确性，进而加剧创业的风险性；第三，组织结构型风险，在创新型企业初创和发展期，创业组织的结构需要根据创业环境的变化不断地及时调整，这种调整无论滞后还是超前于创新创业生存与发展的需要，都会成为创业组织潜在的风险和危机；第四，组织关系型风险，创业的目标的实现依赖于组织中成员的努力配合和贡献，如果创业组织内部关系和沟通网络不畅通，非正式组织目标与正式组织目标不一致，就会在创业组织中爆发冲突和矛盾，使创业者和创业组织陷入关系处理危机中。

对于大学生创业者来说，创新创业风险防范能力的提升首先要求大学生对创业的项目有真实的认知。一个创业项目的好坏决定了创业者下一步采取何种方法去预测风险和识别风险。大学生由于社会经验缺乏，更需要利用专业的风险能力培训机构对大学生中的创业者进行相关辅导，帮助大学生创业者掌握相关管理知识，使其对风险识别、风险预测和风险管理形成系统化的体系。因此，需要结合大学生创业者的素质和能力、创业项目特质、创业组织的结构类型、创业组织内部的关系网络、创业组织的内外部环境状况等指标，建立完善的适合创业项目的培养体系、创业项目的风险评估和规避体系和创业组织内外部环境的预测和分析体系。

（二）强化系统保障，健全创新创业政府支持体系

政府是大学生创新创业的支持者和规划者，通过建立和健全“鼓励创业、支持创业、服务创业、保护创业”的创新创业政策体系，需要以灵活积极的政策措施来鼓励大学生的创新创业活动，在大学生创业扶持工作中充分发挥出中流砥柱的作用，以创业拉动就业，带动社会经济发展的活力，实现大学生就业的倍增效果。

1. 建立健全创新创业政策体系

政府应当充分积极履行其职责，保持创新创业政策的科学性、连续性与系统性，营造健康创业环境。

（1）重视创新创业政策的制定。各地政府部门及政府内部不同部门在制定相关创新创业政策时，应深入对创业环境进行调查研究，力图摸清大学生目前的创新创业状况，了解大学生真正的创业需求，形成对大学生创新创业的调研报告，使各项创业扶持政策更具有现实的针对性和依据性。创业政策的系统性要求政府在制定创业扶持性政策时，需要全盘考量企业规模、发展历程、融资机制及税费缴纳等现实因素，增强政策的综合性与前瞻性。此外，要避免各自为政，需要综合参考创业的整体环境，增强彼此间的协同贯通，从而推出更具系统性和整合性的鼓励性政策。

（2）强化创新创业政策的落实。创业政策的出台应当关注其实效，而非仅停留在行政命令的纸上层面。政策的生命力在于实施，不要让创

业政策成为空中楼阁，而需及早将其落实为新的政绩工程，这就要求有关部门严格落实相关主体的责任，履行相关政策职责，整合各种相关资源，实现对资源最大限度地利用，以防创业扶持政策流于形式。

（3）加强创新创业政策的考评。相关职能部门应当在政府主导下建立完善的评价考核机制，将创业推进的实际效果与绩效纳入政府的综合考评体系之中，并根据考评体系，对创新创业政策的实施进行定期和不定期的评估监测。落实部门负责人的主体责任，将政绩与考评结果挂钩。建立健全大学生创业保障制度，以制度形式强化公务人员对大学生创新创业的重视程度，增强公务人员的服务意识和服务水平，从而使政府的各项优惠政策和便捷服务惠及各位大学生创业者。

（4）重视创新创业政策的扶持。基于大学生创业群体在创新性和创造性思维方面的优势，以及在资金资源和社会支持方面存在的劣势，相关政策应适当降低大学生创业的准入门槛，通过相关法律的保护与资金的注入，以扶持和倾斜性的政策帮助大学生渡过创业中遇到的难关。相关政府部门应发掘大学生的创新创业潜力，加强对创新型人才的关注和重视，推动相关倾斜性政策的制定与实施。

2. 建立健全创新创业法治体系

法治型政府是依据法定程序建立的政府模式，要求政府在工作职责范围内依法行使其权力和履行相关义务。大学生创新创业同样需要法律法规的切实保障，但是就目前已有的法律体系而言，我国在大学生特殊群体的创新创业立法工作方面还未取得实质性的成果，未存在专门针对此领域的法律体系，而是主要以政策文件的形式对大学生创新创业的相关事项进行规定，难以发挥强有力保障作用。对于大学生创新创业法律体系的构建，还需根据大学生创新创业的环境及特质，形成涉及劳动、管理、人事、教育培训、税收等在内的综合性法律体系，规范和促进创新创业事业发展实现良法善治。

3. 建立健全创新创业服务体系

大学生创业需要政府和社会予以各方面的支持，政府可以通过政策引导和资金支持等多种方式，成立大学生创业的中介服务机构，为大学生创业知识技能发展、创业资金、创业风险等多个方面提供帮助，从而形成“政府—社会”的多元化创业服务供给体系，给予大学生创新创业服务供给的多元化支持。

（1）设立专门的创业服务机构。成立大学生创业协调中心，统一负责研究和解决大学生在创业准备阶段和创业进程阶段中出现的问题，为大学生打造全方位的服务性平台；地方政府根据各地区创业特点成立地方性的大学生创业服务机构，增强地方服务的针对性和便捷性，为大学生对于创业的咨询、培训、引导、援助等提供一条龙服务，形成各层级政府参与下的层次清晰、整齐划一的创业服务综合体系。

（2）搭建开放的资源共享平台。资源共享平台的搭建旨在实现教育资源、资金资源、信息资源等优势互补和均衡性分配，实现从项目开发到孵化落地的一条龙服务。包括：项目发布平台主要服务大学生创新创业领域的可行性和有效性项目的发布，促进大学生参与到创业项目的创建和改进过程中；创业资讯平台的搭建主要是为大学生提供创新创业方面的咨询和信息服务，包括对创业环境的理解、对最新创业信息和政策的分析、对创业法律法规的解读等；创业资金平台主要通过为大学生提供资金的供给和扶助渠道，如成立基金会等，帮助大学生解决集资融资难等问题；创业培训平台主要通过邀请知名创业者和成功企业家等，以讲座或授课等形式，向大学生传授相关理论知识、技能和经验等，使大学生具备创新创业的思维和行为特质；创业孵化平台则主要通过建立大学生创业孵化园，帮助其规划和运行创业项目，实现创业项目的落地和产业化发展。

4. 建立健全创业资金支持体系

大学生在创新创业道路上往往都会遇到资金匮乏的困境，让众多有创业意愿的大学生对创业项目望而却步而无法启动，在创业过程中也会因资金断裂而使公司运营无法维持，各级政府应针对以上创业问题的存在，为大学生创业提供财政金融政策支持，保证大学生创业项目的顺利开启和运行。

（1）完善大学生创新创业贷款政策。政府应基于大学生创新创业贷款难的现状，不断完善大学生创新创业的信贷政策，通过减少大学生创新创业小额担保贷款申请的条件限制，使大学生获得落实创业想法的资金贷款支持，要求以国有银行为代表的相关金融机构根据国家政策要求，对大学生创新创业项目的贷款进行倾斜性的政策照顾。促进大学生贷款信用担保的多元化，必要时也可采取包括高校在内的正规机构为大学生信用提供适当担保，灵活处理大学生融资和集资的方式；在信贷风险可控条件下，简化大学生贷款审批流程，提供低息贷款，尽量避免大学生创业项目因资金匮乏导致搁置问题的出现。此外，提高最高贴息贷款额度，增加贷款年限，同时辅以税收政策，根据创业类型适当减免税收比例，切实为大学生创新创业提供优惠性和支持性的财政和货币政策。

（2）优化大学生创新创业融资政策。就创业融资政策的优化与完善而言，加大政府财政支持力度和社会整体统筹能力，中央政府发挥带头示范引领作用，完善大学生创业基金方面的政策，对民间资本予以鼓励并加强监管，以民间小额资金推动更多创业项目的酝酿和培育，发挥民间资本促就业的积极作用。在合法合规、风险可控的前提下，在商业银行与创业投资机构之间建立长期的市场化合作关系，提供股权和债权融资支持。发展信用担保方式，大学生在申请创业启动资金时，可以通过自身信用进行担保，通过支付低于银行的利息进行分期还款，而无须抵押和担保任何财产。创建创业投资基金，鼓励各级政府以多种途径引导成立多元化创业基金项目，联动支持大学生创业。

5. 建立健全创新创业监管体系

大学生创新创业管理机制是指对大学生创业项目管理系统的内部结构和运行机制。大学生创业过程的客观规律贯穿项目管理运行机制的始终，具体包含项目的运行机制、动力机制和约束机制。结合大学生创新创业各项管理要素，创业运行机制主要建立在对大学生创业项目运行的活动方式、作用机理和功能要素的推动基础上，包括对大学生创业危机和困难进行帮扶、为大学生提供良好创业环境等；创业动力机制的建设应基于大学生创业的动机和期望，以遵守经济规律为主要原则、以政令奖励为主要激励形式，对大学生创业表现突出者进行精神和物质方面的激励，推动更多的大学生创业者参与创业项目的创建和运行。大学生创新创业约束机制主要针对大学生创业过程中的不规范和不合理的创业动机和创业行为，通过对创业过程进行全程性监督，以利益、责任和社会心理作为主要约束方式，对大学生创业行为进行限定和修正。

（1）健全和完善信用信贷机制。健全的信用信贷机制能在创业项目启动初期，使大学生创业者拿到低息或者免息的资金。信用体系应当依据征信系统、网购信息记录等大数据进行综合性的全方位分析，通过大数据的分析模型和工具，提高资金扶持与注入的精准度，能够有效地提升资金投入的回报率与成果转化率，为真正有意愿进行创业的大学生以及优秀的创新创业项目找到出路。

（2）建立和完善创业帮扶机制。政府应保持大学生创业扶持政策的持续性，在前期启动资金时应当进行跟踪调查，在企业发展中跟进支持步伐，对前期获取扶植资金的大学生企业进行后期评定与回访，使大学生创业者的创新创业项目在既定轨道与目标上继续发展，通过后续评估，对其进行持续的资金投入与扶植。

（3）建立和完善监督监管机制。一方面，建立创业政策的监督监管机制，政府要加强对大学生创业企业扶植资金使用的监督，避免大学生创业者为套取更多国家政策资金而注册多家创业公司。要保证大学生创业政策能够落到实处，在符合各地方区位和各创业项目特点的基础上，增强创业政策的针对性和适用性。另一方面，政府要对大学生创业运行机制和流程进行监督和监管，保证创业各环节、各功能都符合法律法规的标准和要求，建立大学生创新创业项目批准和审查制度，筛选出不合理的创业违法项目和违法行为，并依法进行惩处，为大学生创新创业建立公平公正、合理有序的运行环境。

（4）建立和完善困难处置机制。创业过程的曲折性意味着大学生在创业项目运行中会遇到众多突发困难。基于大学生融资难的问题，政府应设立大学生创新创业紧急救助机制，通过对大学生创业资金困难程度进行综合评估，对因资金匮乏而导致严重危机的创业项目进行政策性扶助。对于大学生在创业过程中可能遇到的商标保护、专利申请、信用管理等专业性难题，政府应通过设立专门的机构，聘请专业人才进行专业解答，尽量减少创业过程中大学生权益受损问题的发生。

（5）建立和完善创业激励机制。大学生创新创业激励机制主要是通过精神或物质奖惩的手段对创业者行为产生影响，激发和鼓励创业者采取相关行动达到既定期望目标的过程。大学生创业激励机制具体包括激励方法、激励策略、激励制度与激励原则等多种要素。大学生创业者的激励手段可以采取以下三种：一是应坚持定期奖励与及时奖励相结合的原则，对有突出表现和贡献的创业者给予公开的及时奖励，强化创业行为的效果；二是坚持正向和负向激励相结合的激励原则，坚持奖优罚劣的理念，对于表现突出、贡献突出的创业者应该给予及时的物质奖励，对于不遵守市场规律和法律规制的创业者应该施以一定的告诫和惩罚；三是采取丰富的奖惩手段。在已有的精神奖励和物质奖励基础上辅助以培训奖励、表彰奖励等多样化激励手段。

（三）着力提质增效，完善高校创新创业教育体系

创新成为经济社会发展第一驱动力，人才资源对于这一战略的实施显得尤为关键。创新创业教育的基本内涵是树立在传统教育基础之上的，高校创业教育应始终将立德树人作为教育的根本任务，不断优化创业教育的目标定位。创新创业教育越来越成为高等教育中人才培养不可或缺的部分，应该拥有完整的创新创业教育链条，形成全覆盖、多层次、个性化的教育体系，具体包括课程体系、训练体系、孵化体系和“导师+”体系。这四个体系共同作用，致力于将创新创业教育与传统专业教育有机结合并且作为其延伸内容，促进人才全面发展的能力和水平获得提高。大学生作为大众创业、万众创新的生力军，必须通过完善的创业教育提

高其人力资本价值。

1. 深化高校创新创业教育理性认识

高校创新创业教育是对传统教育观念的挑战和变革。长久以来，我国多数大学生深受传统教育观念和评价体系的影响，形成了毕业后即选择就业、考研、出国三条路径的思维定式，缺乏对创新创业理念的深度认同。促进创新创业教育不断升级，首先要处理好创新创业和立德树人的根本，帮助大学生深刻理解创新和创业的关系。因此，高校应不断深化对创新创业教育的理性认识，不断加大对创新创业教育的价值宣传，推动形成重视大学生创新创业教育的社会风尚，为创新创业教育发展提供健康的环境与优渥的土壤。一是应进一步明确创新创业教育存在和发展的重要性和必要性，创新创业教育是适应我国国家创新驱动发展战略，回应社会对创新人才需求而开展的教育改革。创新创业教育面向全体，通过分类施教，将专业和实践结合起来，促进学生全面发展，创新创业的目的即是提高大学生人力资本素质，培养社会发展所需的创新型人才，为国家发展提供人才保障。二是应明确创新创业教育是对传统人才培养方式和教育评价方式的深刻变革，创新创业教育摒弃了以考试成绩评估能力，偏重书本知识学习的传统模式，更加强调通过实践对大学生的创新思维、创新意识与创业技能的培养，应将创新创业教育理念渗透到高校面向全体学生的育人的全过程。三是高校作为创新创业教育主阵地，要实现创新创业理论与实践的有机结合，必须注意将知识理论与创业实践相结合。在培养创新创业人才过程中，应该从国家最新发展需要出发，让学生以高度的社会责任感、崭新的创业理念、突出的创业能力走向社会。高校应重构双创教育新场景，应构建政府、学校、家庭、社会协同育人模式，基于校企、校地协同，着力重塑未来教育新生态。

2. 完善高校创新创业教育课程体系

高校创新创业课程是实施创业教育、培养学生创新创业能力的主要渠道，在国家教育战略和教育政策的引导下，各所高校根据自身实际情况和学科特色，挖掘创业优势资源，出品优秀课程内容。高校一方面要适应时代转轨，筹划新时代创业金课；另一方面也要重视在已有专业课程中挖掘创新创业新内涵，不仅要将创业基础理论知识和基本能力教授给学生，还要在与专业教育相结合过程中锤炼创业精神。课程设置一方面要注重普适性，使不同专业类别创业大学生都能得到启发；另一方面更要注重创新创业课程的针对性，有的放矢进行设置。国内有学者将创业教育课程分为“通识型”“嵌入型”“专业型”“职业型”四个层次。在国内外相关研究成果基础上，综合各学科教育理论和创业的特殊性分析，依据教育部办公厅下发的《“创业基础”课程教学大纲（试行）》，有学者提出高校创新创业教育内容模型。① 如图 5-2 所示，创新创业教育课程体系由两部分构成，第一部分为通识类教育，主要以创新创业理论知识和基本技能为主，是高校创新创业的基础课程。包括创新创业的理

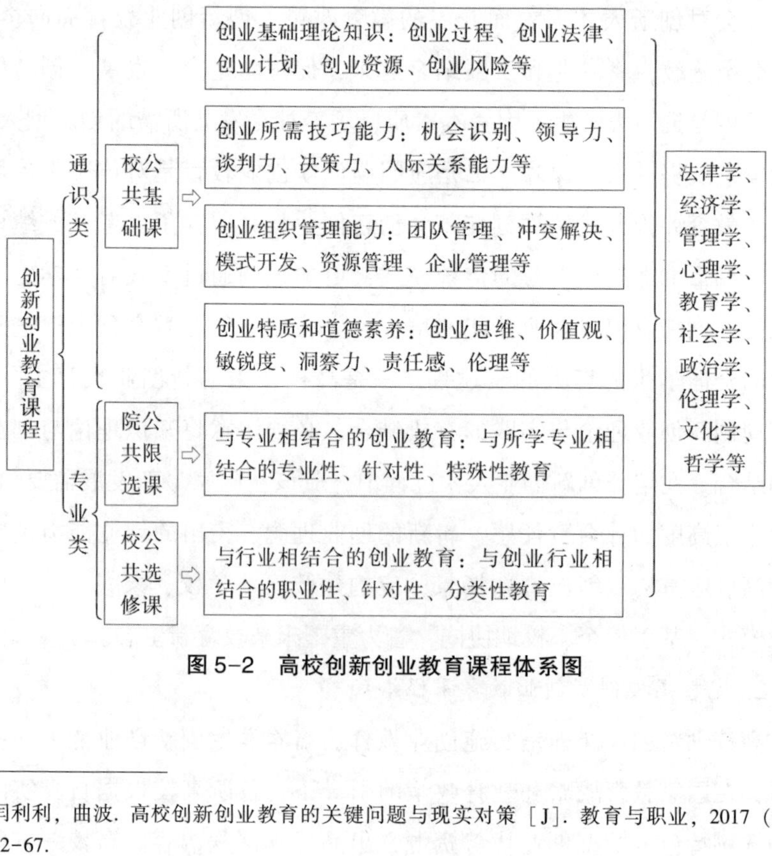

图 5-2　高校创新创业教育课程体系图

① 闫利利，曲波. 高校创新创业教育的关键问题与现实对策［J］. 教育与职业，2017（22）：62-67.

论知识、创业技巧能力教育、创业组织管理能力教育、创业特质和道德素养教育。通识类课程作为创新创业的入门级课程，面向全体大学生进行授课，普及最基本的创业知识，不仅让学生对创业有了更深层次的理解，同时掌握创业活动最基本的技能，在激发创业意识的同时，又提醒了学生创业活动的重难点和以后可能面临的风险与挑战，使学生全面理解创新创业。第二类为专业类教育，针对不同类型专业和创业活动进行针对性培养学生创新能力。具体而言，一是与专业相结合的创业教育，这种课程的设置应该由各院系自主设置，将创业教育融入各专业教育之中，提高各专业的创新实力。二是与行业相结合的创业教育，针对行业的独特性灵活设置创业课程，把握行业发展前沿，提高创新教育的时代性，这种课程的设置应面向全体学生，在学校接受通识教育和专业教育后，根据自身兴趣和意向灵活选择不同行业相关的创业课程，发挥课程实效性。总之，创新创业教育是一个连续动态化过程，根据社会发展和学生实际情况突出阶段性、层次性和针对性。

3. 加强创新创业教育师资队伍建设

教师作为人类灵魂工程师，对于传播知识、塑造灵魂承担着重大的时代责任和使命。创新创业教育离不开教师对创业理论和实践的研究、传授和指导，离不开高素质师资队伍的有力支撑。构建高质量创新创业教育体系，急需建立起“数量足、理论精、实践强”的师资队伍。第一，面向全社会进行优秀教师的遴选。让具备理论和实践双素养的教师担任创新创业通识课程的教师，优秀教师入职后要在培训机构进行创新创业教育教学方法、知识技能的专业培训，并在适当的时机分批次派遣这些教师到企业进行挂职锻炼，综合学习企业创建与运行的各环节，最终形成一支创新创业教育的高水平双师型队伍；第二，实现创新创业教师来源的多元化，通过聘请各专业教师，担任创新创业课程的客座讲师，将创新创业教育理念、知识技能融入专业知识和专业实践中去，定期举办研讨会，组织本校创业教育教师和其他高校教师进行交流学习，组织教师深入企业学习实践，开展创业教育项目合作；第三，聘请知名成功创业者和企业家担任学生的创业导师，为学生讲解创业经历，指导学生创业实践，丰富创新创业教育实践体系。这样，通过三管齐下建立起专兼职结合、数量充足、有理论背景又有实践经验的创新创业师资队伍，实现打造一流创业师资的目标。

4. 建设创新创业教育实践育人体系

以“基础学习、兴趣引导、实践培养”的三层递进课程体系为载体，构建完备的创新创业教育体系。打造创新创业实践创新平台，在教学方式上，改变传统的课堂讲授方式，提高大学生参与实践的比重。在创业教育的实训体系方面，一方面要打破学院和专业壁垒，建设校院两级创新创业平台；另一方面，加强高校内外部体系建设，通过多方合作，为大学生提供实训平台。比如：实习合作单位与高校的联合培育，兄弟高校的资源互补等。联合育人平台不仅能积聚各方力量，对于毕业生而言，在多样化的实践中不断提升创业能力，创新创业教育应注重实践教育，充分发挥实验室、工作室、创新坊、孵化器等实践基地的作用，为大学生创业问题咨询、创业成果转化等提供全面服务。

5. 优化创新创业教育社会文化环境

在人类各项活动中，社会文化环境潜移默化地影响着人们的价值观念和行为选择，良好的文化环境具有教化育人的功能。因此，大学生创业意识的激发和创业行为的引导需要积极融合人文文化、创新文化、合作文化、科学文化的创业文化。以媒体等多种方式为载体，积极宣传国家和政府有关创新创业的战略规划和政策，不断发挥“互联网+平台”模式在促进各地区、各高校合作网络建立的作用，有效实现跨地区、跨领域和跨院校资源共享和优势互补。加强校企合作，促进产教融通，努力打造一批高质量的、多层次的创新创业孵化平台，提升创新创业的综合服务水平，让政策不再受“最后一公里”的困扰，为创业大学生提供便利。建立全方位、宽领域、多渠道的大学生创新创业教育支持体系，为大学生创新创业保驾护航。

6. 充分利用大学生创业孵化平台

大学生孵化园的建设是国家鼓励大学生创业、对大学生创业予以扶持的一项重点工程，同时对于整个社会的创业热潮起到一定推动作用。大学生创业孵化园的持续发展，逐步成为高校大学生创新创业的核心区域，在这个区域进行创新创业教育，能够使学生的创业知识技能迁移到日后工作中去。目前来看，我国的创业孵化园在建设管理上还存在一定的问题，我国深化高校创新创业改革，就必须充分发挥并利用孵化园这一基地的作用和价值。创业孵化园的建设需要有合理的组织架构与之相匹配，同时也应该逐步向扁平化和开放化方向发展，配套以公平的报酬和激励机制。此外，在大学生创业孵化园的运营过程中出现的问题要及时按照市场环境的改变进行政策上的及时调整，在孵化基地的建设中，可以参考国外优秀高校经验，引入竞争机制，在孵化园创业项目中引导创业大学生培育创业精神。另外，创业孵化园是政府、企业、高校三者之间共同构建的平台机制，针对创业孵化园的运行机制问题，首先明确上层管理机制，分清各个主体部门的权力责任，建立完善的创业平台，其次明确监管责任，保证政府和高校对于大学生创业的相关福利政策执行顺畅、执行有力、执行有效，确保各项优惠补贴能真正落实到位，提高学生创业喜悦感和成就感，以此激励大学生群体的创业积极性。

7. 促进创新创业大赛项目成果转化

创新创业大赛为高校发挥创新创业教育提供实践平台，同时作为一种评估手段，对于人才质量的培育起着重要作用。高校应把大赛的参赛需求与课程体系的构建相结合，一方面适当放宽学生选课限制，增设部分双选课，发挥学生的主观能动性，激发内生创业动机；另一方面，提高交叉课程数量和种类，丰富实践课程，增强学生对创新创业的兴趣，从而更好地达到培养学生双创能力的目标。高校要积极培育优势学科，着力打造特色专业创新创业项目，增加创新创业参赛项目的科技含量，创新大赛的宣传方式，激发大学生参与大赛热情。积极鼓励组建优秀的学生参赛团队与导师团队，使参赛学生快速地掌握创新创业知识与实践技能，不断增强学生的创新能力与创新意识，培养每一位创业学子敢想敢创的创新精神。高校要为优秀创业项目研发和成果转化给予支持和帮助。高校与社会各界要在赛后为优秀项目落实各种保障措施，利用各种合作与投资基金为大赛优秀项目提供资金、政策、信息、技术等支持。高校一方面要继续加大对大学生创新创业的资金投入，另一方面要帮助参赛项目与社会资源进行对接。让大赛不仅能够产生优秀的创业项目，更能够将智力进行成果转化。通过大学生创新创业大赛，可以诞生出一批高质量的创业项目，进而发展成一批优秀青年企业，从而实现社会和经济效益的双赢。

总之，“大众创业、万众创新”背景下，深化高校创新创业教育改革必须顺应时代潮流，从政策体系和教育体系两个主要维度进行把控，在教育体系之下，完善创新创业人才培养体系、建立健全创业政府支持体系、完善高校创新创业教育体系，形成“学生勇于创新、学校鼓励创新、国家扶持创新”的创新创业教育新模式。

参考文献

[1] 肖怡. 企业连锁经营与管理 [M]. 大连：东北财经大学出版社，2012：21-22.

[2] 杜鹏，安瑞霞. 从人口大国到人力资源强国——改革开放四十年中国教育发展成就与人力资源发展 [J]. 国家教育行政学院学报，2018（11）：11.

[3] 李万. 无尽的前沿、诱人的未知：新科技革命正引致一系列深刻变革 [J]. 中国科技论坛，2021（9）.

[4] 周沫言. 909 万个期待：如何为大学生就业保驾护航 [N]. 中国青年报，2021-03-09.

[5] 教育部关于做好 2021 届全国普通高校毕业生就业创业工作的通知（教学〔2020〕5 号）. http：//www.moe.gov.cn/srcsite/A15/s3265/202012/t20201201_ 502736.html.

[6] 吕红星. 中国科学院副院长、中国科学院院士高鸿钧：新工业革命推动基础研究呈现五个新特征 [N]. 中国经济时报，2021-09-28.

[7] 钟启泉. 基于核心素养的课程发展：挑战与课题 [J]. 全球教育展望，2016（1）：3-25.

[8] 中华人民共和国中央人民政府. 国务院办公厅关于深化高等学校创新创业教育改革的实施意见（国办发〔2015〕36 号）[EB/OL]. http：//www.gov.cn/zhengce/content/2015-05/13/content_ 9740.htm，2015-05-13.

［9］张学敏，柴然. 第六次科技革命影响下的教育变革［J］. 东北师大学报（哲学社会科学版），2021（2）：118.

［10］科技部部长王志刚在国新办就加快建设创新型国家，全面支撑新发展格局有关情况举行的发布会上讲话［EB/OL］. 光明网，https：//tech.gmw.cn/2021-02/26/content_ 34646622.htm.

［11］国务院关于推动创新创业高质量发展打造“双创”升级版的意见（国发〔2018〕32号）［EB/OL］. http：//www.gov.cn/zhengce/content/2018-09/26/content_ 5325472.htm.

［12］熊英. 创新创业：青年大学生铸就中国梦的时代探索［J］. 人民论坛，2018（18）：128-129.

［13］Trivedi R.Does university play significant role in shaping entrepreneurial intention? A cross-country comparative analysis［J］. Journal of Small Business and Enterprise Development，2016，23（3）：790-811.

［14］夏人青，罗志敏，严军. 中国大学生创业政策的回顾与展望（1999—2011年）［J］. 高教探索，2012（1）：123-127.

［15］梁晓芳，柳军. 创新创业教育研究综述［J］. 创新与创业教育，2017（5）：49.

［16］黄兆信，李炎炎，刘明阳. 中国创业教育研究20年：热点、趋势与演化路径——基于37种教育学CSSCI来源期刊的文献计量分析［J］. 教育研究，2018，39（1）：64-73.

［17］叶映华. 大学生创业政策的困境及其转型［J］. 教育发展研究，2011，31（1）：34-38.

［18］刘军. 我国大学生创业政策：演进逻辑及其趋向［J］. 山东大学学报（哲学社会科学版），2015（3）：46-53.

［19］洪银兴. 科技创新阶段及其创新价值链分析［J］. 经济学家，2017（4）：5-12.

［20］史蒂文·N. 杜尔劳夫，劳伦斯·E. 布卢姆. 新帕尔格雷夫经济学大辞典（第2册）［M］. 经济科学出版社，1996：925.

[21] Hansen, M.T., Birkinshaw, J.. The Innovation Value Chain. Harvard Business Review, 2008, 5 (4): 121-130.

[22] 克拉克. 企业技术创新的模式 [M] //载廖理, 等. 探求智慧之旅. 北京: 北京大学出版社, 2000: 282.

[23] Timmons.J.A.New Venture Creation-5thed [M]. Singapore: McGraw-Hill, 1999. 56.

[24] [美] 罗伯特·A. 巴隆, 斯科特·A. 谢恩. 创业管理: 基于过程的观点 [M]. 张玉利, 谭新生, 陈立新, 译. 北京: 机械工业出版社, 2005: 8-9.

[25] 樊一阳, 徐玉良. 创业学概论 [M], 北京: 清华大学出版社, 2010: 82.

[26] 教育部关于大力推进高等学校创新创业教育和大学生自主创业工作的意见 (教办〔2010〕3号).

[27] 彼得·圣吉. 让我们一起去塑造新的教育生态系统 [EB/OL]. 经济参考网, http://jjckb.xinhuanet.com/2017-10/25/c_136704193.htm.

[28] 张倩, 邬丽群. 基于协同培养的高校创新创业教育生态系统的构建 [J]. 民族高等教育研究, 2015 (4): 30.

[29] 闫利利, 曲波. 高校创新创业教育的关键问题与现实对策 [J]. 教育与职业, 2017 (22): 62-67.

[30] 钟汝能. 转型期高校创新创业教育探讨 [J]. 学术探索, 2015 (2): 152-153.

[31] 王莉方. 我国高校创新创业教育发展阶段论 [J]. 石油教育, 2014 (2): 82-86.

[32] 丁俊苗. 以创新创业教育引领高等教育改革与发展——创新创业教育的三个阶段与高校新的历史使命 [J]. 创新与创业教育, 2016 (1): 1-4.

[33] 教育部高等教育司司长吴岩在教育部新闻发布会介绍深化高校创新

创业教育改革及中国“互联网+”大学生创新创业大赛有关情况. http：//www.gov.cn/xinwen/2019-10/10/content_ 5438032.htm.

[34] 邓淑华. 创新创业教育，这些高校有高招 [N]. 中国高新技术产业导报，2019-05-16.

[35] 杨海涛. 大学生创新创业大赛对人才培养质量的影响研究 [D]. 南昌：江西师范大学硕士研究生学位论文，2017.

[36] 中华人民共和国中央人民政府. 国务院办公厅关于深化高等学校创新创业教育改革的实施意见（国办发〔2015〕36 号） [EB/OL]. http：//www. gov. cn/zhengce/content/2015 - 05/13/content _ 9740. htm，2015-05-13.

[37] 蔡丽容. 创新创业大赛对大学生双创能力的培育作用 [J]. 中国轻工教育，2017（1）：50-53.

[38] 林媛媛，胡红玉. “互联网+” 大学生创新创业大赛国赛实践与启发 [J]. 广东交通职业技术学院学报，2018，17（4）：117-120.

[39] 张剑，任平. “互联网+” 大学生创新创业大赛备赛实践研究 [J]. 智库时代，2019（35）：11+20.

[40] 全国高等学校学生信息咨询与就业指导中心. 全国大学生创业服务网 [EB/OL]. https：//cy.ncss.org.cn/index.html，2019-04-01.

[41] 本书编写组. 以赛促教 以赛促创：中国互联网+大学生创新创业大赛指南 [M]. 北京：高等教育出版社，2018：8.

[42] 新华网. 第五届中国“互联网+”大学生创新创业大赛决出冠亚季军 [EB/OL]. http：//www. xinhuanet. com/info/2019 - 10/15/c _ 138472435.htm，2019-10-15.

[43] 搜狐教育. 第五届中国“互联网+”大学生创新创业大赛在杭州圆满落幕 [EB/OL]. http：//www. sohu. com/a/347420035 _ 574169，2019-10-17.

[44] 创青春全国大学生创业大赛. 2018 年浙大双创杯全国大学生创业大赛关于创青春 [EB/OL]. http：//www. chuangqingchun. net/about,

2018-05-03.

[45] 创青春全国大学生创业大赛. 2018年“创青春”浙大双创杯全国大学生创业大赛终审决赛新闻发布会召开［EB/OL］. http：//www.chuangqingchun.net/article/16009/，2018-11-07.

[46] 中国新闻网. 第十届中国大学生服务外包创新创业大赛落幕：527所国内院校参与［EB/OL］. http：//www.chinanews.com/sh/2019/05-24/8846535. shtml，2019-05-24.

[47] Man T W Y，Lau T，Chan K F.The competitiveness of small and medium enterprises：A conceptualization with focus on entrepreneurial competencies［J］. Journal of Business Venturing，2002，17（2）：123-142.

[48] Thompson J T.The facets of the entrepreneur：Identifying entrepreneurial potential［J］. Management Decision，2004，42（2）：243-258.

[49] Rule E U and Irwin D W. Fostering intrapreneurship：Thene new competitive edge［J］. Journal of Business Strategy，1993，9（3）：44-47.

[50] 唐靖，姜彦福. 创业能力概念的理论构建及实证检验［J］. 科学学与科学技术管理，2008（8）：52-57.

[51] 刘杉杉. 本科生创业教育的实证研究［D］. 南京：南京师范大学，2011.

[52] 沈超红，王重鸣. 创业绩效结构探索与合约解释［J］. 南京社会科学，2011（1）：36-42.

[53] 文亮，刘炼春，何善. 创业政策与创业绩效关系的实证研究［J］. 学术论坛，2011（12）：128-168.

[54] Rasmussen E，et al.The evolution of entrepreneurial competencies：A longitudinal study of university spin-off venture emergence［J］. Journal of Management Studies，2011，48（6）：1312-1346.

[55] 卫梦颖. 创业胜任力与初创企业创业绩效关系的实证研究［D］. 南京：中共江苏省委党校，2015.

[56] 陈琼秋，郑天翔. 大学生创业能力构成与创业绩效关系的实证研究

[J]. 高教学刊，2017（10）：3-5.

[57] 贾立政. 在坚持问题导向中开创事业发展新局面 [N]. 人民日报，2017-09-14.

[58] 刘地松. 高校创新创业教育存在的问题及发展思路 [J]. 教育评论，2017（11）：88-91.

[59] 白龙君. 论新常态下高校创新创业教育问题 [J]. 继续教育研究，2016（8）：13-15.

[60] 高伟. 深化高校创新创业教育的问题反思与对策探讨 [J]. 思想理论教育，2015（8）：92-95.

[61] 肖晗，朱民田. “大众创业，万众创新”形势下地方高校创新创业教育存在的问题及其对策研究 [J]. 经济研究导刊，2017（11）：57-59.

[62] 丁三青，王希鹏，陈斌. 我国高校学术科技创新活动与创新教育的实证研究——基于“‘挑战杯’全国大学生课外学术科技作品竞赛”的分析 [J]. 清华大学教育研究，2009，30（1）：96-105.

[63]《教育研究》编辑部. 2018 中国教育研究前沿与热点问题年度报告 [J]. 教育研究，2019（3）：36-37.

[64] 瞿振元. 在人才培养体系建设上下功夫 [J]. 新华文摘，2018（17）.

[65] 张青根，沈红. 一流大学本科生批判性思维能力水平及其增值——基于对全国 83 所高校本科生能力测评的实证分析 [J]. 教育研究，2018（12）.

[66] 陆一，等. 封闭与开放之间：中国特色大学拔尖创新人才培养模式分类体系与特征研究 [J]. 教育研究，2018（3）.

[67] 李立国，薛新龙. 建立以人才培养定位为基础的高等教育分类体系 [J]. 教育研究，2018（3）.

[68] 张建祥. 高等学校人才培养绩效评估的内涵与本质特征 [J]. 教育研究，2018（3）.

[69] 赵长禄. 构建高水平大学生创新创业新生态 [N]. 中国教育报，

2018-12-17.

[70] 任胜洪，刘孙渊. 高校创新创业教育政策的演进逻辑及展望［J］. 教育研究，2018（5）.

[71] 黄兆信，李炎炎，刘明阳. 中国创业教育研究 20 年：热点、趋势与演化路径——基于 37 种教育学 CSSCI 来源期刊的文献计量分析［J］. 教育研究，2018，39（1）：64-73.

[72] 陈建录，袁会晴. 高校创新创业教育中的工匠精神培育［J］. 教育研究，2018（5）.

[73] 叶映华，徐小洲. 大学生创业心理研究的十年回顾与展 望［J］. 教育研究，2018（2）.

[74] 史秋衡，王芳. 我国大学生就业能力的结构问题及要素调适［J］. 教育研究，2018（4）.

[75] 杜建群，杜尚荣. 大学生创新创业课程的价值取向与目标定位［J］. 教育研究，2018（5）.

[76] 刘志. 哈佛大学创业教育课程建设的历程与经验［J］. 教育研究，2018（3）.

[77] 黄扬杰，吕一军. 高校创业教育的问题与对策［J］. 教育研究，2018（8）.

[78] 教育部新闻发布会介绍第七届中国国际“互联网+”大学生创新创业大赛有关情况［EB/OL］. http：//www.gov.cn/xinwen/2021-10/09/content_ 5641636.htm.

[79] 任泽中，左广艮. 大学生创业资源协同模式研究［J］. 高校教育管理，2017，11（2）：49-56.

[80] 肖凤翔，陈凤英. 校企合作的困境与出路——基于新制度主义的视角［J］. 江苏高教，2019（2）：35-40.

后　记

习近平总书记强调："综合国力竞争说到底是人才竞争。人才是衡量一个国家综合国力的重要指标。""我们必须增强忧患意识，更加重视人才自主培养，加快建立人才资源竞争优势。"当前，我国进入了全面建设社会主义现代化国家、向第二个百年奋斗目标进军的新征程，我们比历史上任何时期都更加接近实现中华民族伟大复兴的宏伟目标，也比历史上任何时期都更加渴求人才。深化高等学校创新创业教育改革，是国家实施创新驱动发展战略、促进经济提质增效升级的迫切需要，是推进高等教育综合改革、促进高校毕业生更高质量创业就业的重要举措。对高校落实立德树人根本任务，主动适应经济发展新常态，以推进素质教育为主题，以提高人才培养质量为核心，以完善条件和政策保障为支撑，促进高等教育与科技、经济、社会紧密结合，加快培养规模宏大、富有创新精神、勇于投身实践的创新创业人才队伍具有重要的时代意义。

值此著作付梓之际，我要感谢在我长期开展教育政策研究过程中始终关心我成长的领导和给予我支持的同人，感谢在我专业成长和学术研究中给予指导的专家，感谢在创新创业教育领域同我一起探索前进的研究伙伴，更要特别感谢在我开展此项研究中北京科技大学经济与管理研究所李朝晖、张垚垚、金耀田、林鑫、张卓、樊响、张蒙、韦妍等所给予的热诚帮助和大力支持。

最后，我要感谢所有本书引用并已注明或确因疏漏而未注明的参考文献的作者们，正是他们卓有成效的研究成果为本研究奠定了坚实的基础。还要特别感谢经济日报出版社的领导和编辑为本书出版所付诸的辛勤努力。

本书只是一个阶段性的研究成果，受著者自身的研究水平和能力所限，书中定有疏漏和不妥之处，诚挚地欢迎各界专家学者批评指正。

郭秀晶

2021 年于北京